U0686616

跨文化视域下高校英语教学的理论建构与创新实践

林艳琼　著

九 州 出 版 社
JIUZHOUPRESS

图书在版编目（CIP）数据

跨文化视域下高校英语教学的理论建构与创新实践 / 林艳琼著 . -- 北京 : 九州出版社，2024.5. -- ISBN 978-7-5225-3011-6

Ⅰ . H319.3

中国国家版本馆 CIP 数据核字第 20241GU516 号

跨文化视域下高校英语教学的理论建构与创新实践

作　　者	林艳琼　著	
责任编辑	云岩涛	
出版发行	九州出版社	
地　　址	北京市西城区阜外大街甲 35 号 (100037)	
发行电话	(010)68992190/3/5/6	
网　　址	www.jiuzhoupress.com	
印　　刷	河北万卷印刷有限公司	
开　　本	710 毫米 ×1000 毫米　　16 开	
印　　张	10.25	
字　　数	160 千字	
版　　次	2024 年 5 月第 1 版	
印　　次	2024 年 5 月第 1 次印刷	
书　　号	ISBN 978-7-5225-3011-6	
定　　价	68.00 元	

前　言

　　语言是文化的载体，语言交际离不开特定的文化环境，因此，高校英语教学必须考虑文化背景。每个国家都有自己的文化，特定文化所表达的价值观及思维模式不一样，其差异直接影响各国之间的交往。英语是世界上使用范围十分广泛的语言，在国与国之间的交往中扮演着重要的角色，各高校在进行英语教学时需认清当今世界的发展趋势，重视跨文化交流。

　　本书旨在探讨如何在跨文化视域下进行高校英语教学的理论建构和创新实践。本书详细阐述了研究背景、研究意义、研究内容及研究创新之处，这有助于读者理解本书的基本框架和核心观点。本书概述了跨文化教育的基本知识和目标，揭示了其在高校英语教学中的重要地位和作用，并从跨文化交际与高校英语教学的角度，深入探讨了跨文化教学的意义、任务、影响因素，以及跨文化教学的原则和方法。本书重点研究了跨文化视域下高校英语的多元化教学，如个性化教学、网络多媒体教学、跨文化传播、自主学习等，并针对高校英语教师与学生跨文化交际能力的培养，提出了一些操作性较强的建议和策略。

　　由于著者时间、水平有限，本书难免存在不足之处，恳请广大读者批评指正。

目 录

第一章　绪　论 / 001

第一节　研究背景 / 001

第二节　研究意义 / 002

第三节　研究内容 / 004

第四节　研究创新之处 / 005

第二章　跨文化教育概述：知识与目标 / 007

第一节　跨文化教育的知识 / 007

第二节　跨文化教育的目标 / 016

第三章　高校英语跨文化教学：意义与任务、影响因素、原则与方法 / 022

第一节　高校英语跨文化教学的意义与任务 / 022

第二节　高校英语跨文化教学的影响因素 / 028

第三节　高校英语跨文化教学的原则与方法 / 031

第四章　跨文化视域下多模块英语教学：听力、口语、阅读、写作、翻译 / 038

第一节　跨文化视域下英语听力教学 / 038

第二节　跨文化视域下英语口语教学 / 045

第三节　跨文化视域下英语阅读教学 / 053

第四节　跨文化视域下英语写作教学 / 061

第五节　跨文化视域下英语翻译教学 / 069

第五章　英语教学多元化手段：个性化、网络多媒体、跨文化传播、自主学习 / 076

第一节　个性化教学 / 076

第二节　网络多媒体教学 / 084

第三节　跨文化传播教学 / 089

第四节　自主学习 / 099

第六章　跨文化交际能力的培养 / 106

第一节　跨文化交际能力概述 / 106

第二节　高校教师跨文化交际能力的培养 / 111

第三节　高校学生跨文化交际能力的培养 / 121

第七章　跨文化视域下高校英语教学建议 / 128

第一节　培养目标的建议 / 128

第二节　教学方法的建议 / 134

第三节　教学测试与教学评价的建议 / 143

第四节　教师与学生的建议 / 149

参考文献 / 153

第一章 绪 论

第一节 研究背景

语言不仅是交流的工具，更是文化的载体，因此，语言教学的本质不应局限于语言技能的传授，在全球化的时代，更应着眼于跨文化交际能力的培养。英语是国际通用语言，其教学的重要性不言而喻。然而，在过去的高校英语教学中，学术界和教学界主要关注语言知识和语言技能的教学，很少重视跨文化交际能力的培养。随着经济全球化、社会信息化、高等教育国际化的发展，语言文化教育的需求日益增强，语言的跨文化交际功能越来越显著。因此，从跨文化视域出发，进行高校英语教学的理论建构与创新实践，提升学生的跨文化交际能力，便显现出一定的迫切性来。

高校英语教学的使命是培养学生的综合素质、提高学生的语言应用能力，使学生在日益复杂的社会环境中完成各种跨文化交际任务。从这个角度看，跨文化教学是语言教学的重要组成部分，也是语言教学的延伸和拓展。教育者有必要将跨文化交际理论引入高校英语教学中，以推动高校英语教学的改革与创新。随着新时代信息技术的发展，网络、多媒体等为高校英语教学提供了更广阔的学习平台和更多元化的学习方式。新媒体既可以提供丰富的教学资源，也可以使学生有更多的时间和空间进行自主学习。

本书的研究背景主要由两个方面构成：一是全球化时代的跨文化交际新

要求，二是新时代信息技术提供的新机遇。这两方面的因素推动了本书的研究与创作，期望为高校英语教学理论和实践提供新的思考和方向。

第二节 研究意义

一、理论价值

从跨文化的视域出发，积极探讨并将跨文化交际理论融入高校英语教学中，对现行高校英语教学理念进行反思。这一做法不但是传统英语教学方法的突破，而且是未来英语教学发展的方向。

对于语言教学的真正含义，本书提供了新的解读。通过研究跨文化视域下的高校英语教学，本书可以更深入地揭示和理解语言教学的本质。其将语言教学的重心从简单的语言技能训练转向更深层次、更广泛的跨文化交际能力的培养。这对语言使用能力的提高、不同文化背景下沟通交流能力的提升具有重大的意义。传统的英语教学理论大多集中在语法、词汇等语言基础知识的教授上，缺乏对学生跨文化交际能力的培养，本书的研究成果对高校英语教学理论的丰富和拓展具有重大的推动作用。随着全球化的推进，跨文化交际能力的重要性日益显现，跨文化交际理论与高校英语教学的融合除可以满足当今社会的实际需求外，还可以推动高校英语教学理论的进步和发展。不断挑战和反思现有的教学理念，促进教学方法的创新和改进，提高教学质量和教学效果，此乃当下高校英语教学的当务之急。

二、实践价值

在实践价值方面，本书以创新实践为核心，展现新时代信息技术对高校英语教学的影响和改变。在多媒体环境下，本书尝试探索并实践跨文化视域下的高校英语教学策略和教学方法。本书的研究成果以实用性和实施性为高校英语教学提供了宝贵的实践指南。多媒体的广泛使用深度影响了教学方式和教育思维，面对这一变革，高校英语教学需要与时俱进，积极探索多媒体环境下的有效教学策略。本书的研究成果还能够为高校英语教师提供可操作性强的教学指南。通过研究和分析新媒体环境下的教学案例，本书能够指导教师运用新媒体工具进行有效的跨文化教学。

三、社会价值

本书可以促使高校加强对学生跨文化交际能力的重视和培养，从而为高校学生国际化素养的提升提供理论支持。在全球化的背景下，跨文化交际能力的重要性日益显现，它不仅关乎个体的语言运用能力，而且关乎个体的文化认知能力和社会交际能力。

首先，全球化的趋势使得各类跨文化交际场景越来越丰富，社会对跨文化交际能力的要求越来越高。在此背景下，英语教学一方面需要培养学生的语言运用能力，另一方面还需要培养学生的跨文化交际能力，使他们能够在不同文化背景下进行有效的交流。其次，本书在理论构建和创新实践方面的深入研究可以为高校英语教学提供重要的理论支持。通过跨文化交际理论的引入，可以提升学生的跨文化交际能力，进而增强他们的国际化素养。最后，跨文化交际能力的培养不只是高校英语教学的需要，而且是社会对高素质人才的要求。在全球化的背景下，具有跨文化交际能力的人才将更加受欢迎，他们能够更好地应对各种跨文化交际的场景，并在全球化的舞台上更好地发挥自己的能力。

四、教育价值

本书通过深入分析和探讨跨文化视域下的高校英语教学，对高校英语教育的现有理论和实践进行了创新。这种创新突破了传统的教育模式，注重实践和应用，使得教学不再局限于单一的语言技能训练，而是致力于跨文化交际能力的培养。这样的转变对教育教学现代化的实现具有重要的推动作用。本书关注语言学习的实际应用，在全球化的大背景下，语言学习的目的是在不同的文化背景下进行有效的交流，因此，引导教师和学生关注语言学习的实际应用，可以提高教育教学的质量并且强化其效果。跨文化视域下高校英语教学的研究和实践，可以帮助教师了解和掌握有效的教学策略和教学方法，从而使教师更好地培养学生的跨文化交际能力。此外，本书还可以为高校英语教育改革提供理论依据。在教育现代化的进程中，跨文化视域下高校英语教学的理论建构与创新实践将在高校英语教育的创新和发展方面起到重要的作用。

五、学术价值

本书从跨文化的视角对高校英语教学进行深入研究，将跨文化交际理论和新媒体技术引入英语教学中，开创了新的研究领域。这为研究者提供了一种全新的理论框架，有助于他们从不同的角度理解和研究高校英语教学，从而推动相关研究的深入进行。本书的研究内容借鉴了语言学、教育学、心理学等多个学科的相关内容，具有很强的交叉性，这有助于推动学科之间的交流和融合。深入研究跨文化视域下高校英语教学，可以促进相关理论的发展和完善，推动高校英语教学理论的研究向更深层、更广阔的方向发展。

第三节　研究内容

本书围绕跨文化教育的知识和目标进行了深入阐述，为后续的高校英语教学研究提供理论支撑。随后，本书主要阐述了高校英语跨文化教学的意义、任务，以及影响跨文化教学的因素，讨论了跨文化视域下高校英语教学的原则与方法。本书以模块化的方式对跨文化视域下高校英语各个教学环节进行深入探讨，包括听力、口语、阅读、写作、翻译的教学，并提出具体的教学策略和教学建议。除理论部分外，本书还注重跨文化视域下高校英语教学的多元化实践，如个性化教学、网络多媒体教学、跨文化传播教学、自主学习等，并探讨了跨文化交际能力的培养，旨在明确跨文化交际能力的内涵，提出跨文化交际能力的培养方法。本书给出了跨文化视域下高校英语教学的建议，包括培养目标、教学方法、教学测试与教学评价等。

第四节　研究创新之处

本书的研究创新之处主要体现在以下几个方面。

一、理论建构与实践融合

本书不仅在理论上深化了跨文化视域下高校英语教学的理论建构，还提出了一系列具体可行的创新实践方法。本书兼具理论的深度和实践的针对性，旨在推动高校英语教学的现代化进程。

二、模块化教学探索

在跨文化视域下高校英语教学的研究中，本书将教学内容划分为听力、口语、阅读、写作、翻译等模块，并针对每个模块的特性进行深入的研究，从而提出适应各个模块特性的教学策略和教学方法，这种模块化的研究方法具有较强的创新性。

三、多元化教学方法探索

本书深入探讨了个性化教学、网络多媒体教学、跨文化传播教学、自主学习等多元化教学方法，为高校英语教学提供了更加丰富和多元的教学策略。

四、教师与学生跨文化交际能力的双重培养

在传统的高校英语教学研究中，教师和学生往往被看作教学的两个独立的主体，而本书将教师和学生视为具有互动性的整体，强调教师和学生跨文化交际能力的双重培养，这种教学观念的转变具有一定的创新性。

五、跨学科研究方法

本书融合了教育学、心理学、社会学、语言学等多个学科的研究方法，形成了一个跨学科的研究视角，这属于一种创新的研究方法。

第二章 跨文化教育概述：知识与目标

第一节 跨文化教育的知识

一、跨文化教育的定义

跨文化教育是针对某一文化的受教育者进行的教育实践活动，以培养具有丰富的跨文化知识、积极的跨文化态度和有效的跨文化交往能力的人。

二、跨文化教育的特征

本书将跨文化教育的特征归纳为以下五点，如图 2-1 所示。

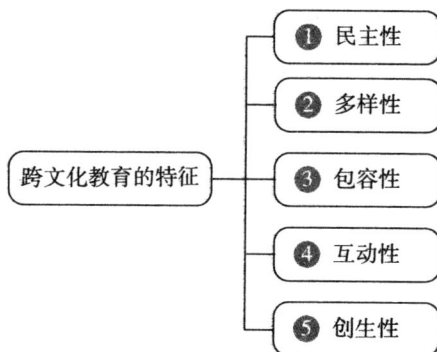

图 2-1　跨文化教育的特征

（一）民主性

跨文化教育坚持教育平等原则，这一原则主张所有学生都应有权接受优质教育。在这个原则的指导下，教育机会不再受社会经济状态、种族、性别、地域等因素的限制，真正实现了教育的公平和开放。在跨文化教育环境中，不同文化的学生可以自由地表达自己的观点和看法，分享自己的文化经验和感知，教师鼓励学生理解和尊重他人的文化传统和价值观，帮助他们跨越文化障碍，以平等、尊重和理解的态度处理文化差异。鼓励不同文化背景的学生进行交流和对话，以增进了解，消除误解和偏见。跨文化教育的重点是理解并尊重每个学生的独特性。每个学生都有其独特的学习方式和需求，教师应给予尊重和满足，通过个性化教学，尽可能地调动学生的学习积极性，提高学习效果，实现学生的全面发展。这些都体现了跨文化教育的民主性。

（二）多样性

跨文化教育强调全球视野，其内容涵盖世界各地的文化、历史、文学、艺术、哲学、社会、政治等各个领域。这种全球化和多元化的内容设置有助于学生了解世界的多元性，理解不同文化之间的差异，并通过比较学习理解和欣赏各种文化。教学方法的多样性是跨文化教育的重要特征。在跨文化教育的课程设计和教学过程中，教师既传授知识，又引导学生探索和独立思考。教学方法包括情景模拟、小组讨论、角色扮演、案例分析、项目研究等，这些方法能够帮助学生从实际中学习和理解跨文化的知识和技能，提高实际操作能力和问题解决能力。跨文化教育的目标不仅是传授知识，更是培养学生的跨文化交际能力、批判性思维能力和解决问题的能力。通过跨文化教育，学生可以学会尊重和接纳文化多样性，具备适应多元化社会的能力。

（三）包容性

跨文化教育的核心理念是所有文化均有其独特价值。每一种文化都蕴含着一个民族的历史、传统、习俗和思维方式。在教学环境中，当各种文化得到平等的重视时，学生自然会逐渐淡化对某一文化的刻板印象。这种文化平等的观点有助于消除学生内心的偏见，使他们更加开放地看待世界。教师应确保文化教学内容的多样性和完整性，使学生有机会接触不同的文化观点，拓宽他们的全球视野。

对学生来说，了解并欣赏文化差异并不意味着接受这些差异，而是要深入探究这些差异背后的原因。例如，某一文化中的节日习俗可能与古老的神话或历史事件有关，某一文化中的饮食习惯可能源于其特殊的地理条件和气候条件。教师在教学过程中，要呈现这些差异，也要帮助学生理解这些差异的深层原因。这种深入的理解使学生不再简单地看待文化现象，而从多个角度分析和评价文化现象。

在全球化日益加速的今天，跨文化交际能力成了个体成功的关键因素。学生在学校中学到的关于文化差异的知识，将在他们日后的生活、工作中得到应用。学生对文化差异的包容和理解能够帮助他们更加有效地与来自不同文化背景的人交往，更好地适应和融入多元化的社会环境。教师应通过实际案例和互动活动，培养学生的实践能力，使其在学术上深入理解文化差异，在实际中灵活运用文化差异知识。

（四）互动性

互动性的引入意味着传统的教育模式正在发生根本性的变革，教师不再单方面地传递知识。在这种新型教学环境中，学生变得更加主动。他们是听众，也是教学过程的主动参与者，与教师共同创造知识。这种转变有助于激发学生的学习兴趣和学习动力，使他们更加积极地投入学习。更为关键的是，当学生在学习过程中变得更加主动时，他们的学习效果往往会更好，并且他们能够更深入地理解和掌握跨文化的知识和技能。

真正的文化理解源于深入、真实的交流和对话。当学生有机会与来自不同文化背景的同伴交往时，他们往往能够更直观、更深入地了解其他文化。这种交流经验可以帮助学生打破刻板印象，提高他们的理解力。在这种真实的交流中，学生不仅学到了其他文化的知识，更学到了如何与不同文化背景的人交往。

　　为了使学生能够在真实环境中更好地应用所学的跨文化知识，教师要不断地创新跨文化教学方法。通过情景模拟、角色扮演等实践性方法，让学生有机会在受控的环境中模拟真实的跨文化交际场景。这种模拟经验使学生能够在实践中发现问题、解决问题，从而更好地提高他们的跨文化交际能力。

（五）创生性

1. 超越传统：从知识接受者到知识创造者

　　跨文化教育并非文化知识的简单传递，它引领学生对多元文化进行深入探索和批判性思考。[①] 在这一过程中，学生从被动的知识接受者逐渐转变为主动的知识创造者。例如，在研究西方文化时，教师不应提供定论式的观点和描述，而应鼓励学生基于自己的文化背景和理解，对所学的文化现象进行分析、解读和评价，增强学生的分析能力和评价能力，使他们对自己的文化和其他文化有更深层次的认识。

2. 多元化教学活动：实践中的知识探索与扩展

　　知识不是孤立的，它需要在实践中得到应用和验证。因此，跨文化教育应注重实践性教学活动的开展，如项目研究、团队讨论等。这些教学活动可以帮助学生加深对知识的理解，培养合作能力和沟通能力。当学生在团队中共同探讨一个文化问题或完成一个跨文化项目时，他们需要运用所学知识，并结合自己的经验和观点。

3. 跨文化的创新思维：多角度解决问题

　　在面对复杂的现代社会问题时，单一的文化视角难以提供有效的解决方案。跨文化教育鼓励学生从多元文化的角度出发，对问题进行思考。这意味着学生既要理解不同文化的观点，还要学会在实际情景中将这些观点进行融合，从而形成自己的创新策略。这种基于多元文化的创新思维方式，使学生

---

① 　周榕，刘敏，王韵青. 英语跨文化教育教学研究 [M]. 长春：吉林人民出版社，2020：38.

在解决问题时具有更广阔的视野和更多元的策略选择，同时提高文化适应能力和交际能力。

三、跨文化教育的价值

（一）促进跨文化交往

全球化背景下，人们需要参与跨文化的交流和合作，而跨文化教育可以有效地帮助人们获得这种交流和合作所需要的知识和技能。跨文化教育可以增进人们对不同文化的理解。通过学习不同文化的历史、传统、价值观、社会规范，人们可以更深入地理解不同文化的特点和内涵，减少文化误解和冲突。这种理解可以帮助人们更好地欣赏和尊重文化多样性，促进跨文化的理解和接纳。在跨文化教育中，人们不但可以学习语言，而且可以学习跨文化交际的策略和技巧。这些技能可以帮助人们更有效地在跨文化环境中沟通和协作。跨文化教育可以帮助人们形成全球公民意识。通过学习和理解不同文化，人们可以认识到自己是全球公民的一员，理解并尊重文化多样性，承认所有文化的平等性。这种全球公民意识可以帮助人们更积极地参与解决全球问题，更有效地推动跨文化的交流和合作。

（二）促进文化发展

在全球化的浪潮中，文化之间的交流变得更为频繁和深入。跨文化教育作为桥梁，使得不同的文化可以进行深度对话。在这种对话中，灵感的碰撞常常孕育出新的创意。例如，艺术、文学等领域存在不同文化元素的融合，丰富了人类文化的多样性，同时推动了文化的创新进程。

通过跨文化教育，每个文化群体都有机会深入了解其他文化的优点和特色，同时从中发现自身文化的不足。这种对照和反思使得文化有了进步和完善的动力。例如，通过跨文化的学习，可以逐渐消除某个文化中存在的偏见和误解，促进文化的健康成长。跨文化教育为文化提供了与时俱进的机会，使其更加适应时代的变化和社会的发展。

跨文化教育使人们尊重和欣赏多元文化，从而为不同文化的和谐共存打下坚实的基础。在这样的环境中，每一种文化都能够得到平等的对待和关注，没有所谓的主导文化或者次要文化，每一种文化都有其存在和发展的价值。这种平等和尊重的态度为文化的共存创造了有利条件，使得各种文化都能够在交流中得到丰富，进一步增强文化的生命力。在这样的文化生态中，人类文化得以繁荣发展，并展现出无穷的活力和魅力。

四、跨文化教育的原则

（一）尊重学生的知识背景、能力水平

1.知识背景

学生的知识背景既是学生学习的重要资本，也是教师在教学中必须加以重视的资源。每个学生都是独一无二的，他们在成长过程中接触到的知识和信息各有差异。这些知识和信息构成了学生的知识背景，影响了他们对新知识的接受和理解。教师应该了解学生的知识背景，包括学过的知识、经历过的事情。通过了解学生的知识背景，教师可以更好地与学生建立联系，找到更贴近学生理解水平的教学方法。

2.能力水平

每个学生在学习时都有自己的优势和劣势，教师应该理解并尊重这种差异，并根据学生的能力水平进行教学。对于那些在某些领域有优势的学生，教师可以提供更深入、更有挑战性的学习内容，激发他们的学习兴趣和学习动力。教师可以设置更高层次的学习目标，帮助这些学生充分发挥自己的优势，培养专业素养和创新能力。对于那些在某些领域优势不明显的学生，教师应该采用更加细致和耐心的教学方法，帮助他们理解和掌握学习内容。教师可以进行针对性辅导，帮助这一部分学生逐步克服学习困难，提高学习成绩。教师可以通过差异化教学的方式满足不同学生的学习需求，根据学生的能力水平和学习风格，采用不同的教学策略和教学资源，为每个学生制订个

性化的学习计划，使他们在学习中得到最大限度的发展和提升。

（二）尊重文化之间的差异

文化差异是跨文化教育需要高度重视的一个方面。学生来自不同的文化背景，这些文化背景影响着他们的价值观、行为习惯等。在教学过程中，教师应该认识到这些文化差异，并以开放和包容的态度对待学生的多样性。不同的文化有不同的认知方式和行为规范，教师不应将自己的文化价值观强加给学生。相反，教师应该鼓励学生表达自己的文化观点，了解他们的文化传统和习俗，从而增进师生之间的相互理解和尊重。教学可能涉及一些敏感或具有争议性的话题，不同文化背景的学生对话题有不同的看法和立场。教师应该鼓励学生进行积极的讨论，尊重不同的观点，并教导他们包容和理解不同文化之间的差异。教师应该注重培养学生的跨文化敏感性。这意味着教师要教育学生观察、倾听和理解不同文化间的差异，学会灵活地进行跨文化交往，避免出现文化误解或冲突。

（三）重视文化传承的动态性

文化处于不断发展和变化之中。这一原则强调文化不断流动和演变的过程，以及新旧文化元素碰撞、融合的过程。在教学过程中，教师应认识到文化的动态性，以及文化在历史、社会、经济等诸多因素影响下的变迁。这一原则要求教师深入理解并教授学生，文化传承并不是简单的重复，在传承的过程中，文化会根据时代的变迁和社会环境的变化进行创新和发展。重视文化传承的动态性意味着教师在教学过程中，要以开放和包容的心态接纳和应对文化的变化。当新的文化元素出现，或者原有的文化元素发生变化时，教师应以积极的态度接纳这些变化，并将这些变化融入教学中，帮助学生理解和适应文化的变化。

（四）注意文化特性的正态分布

"正态分布"的英文是 normal distribution，直接翻译的中文意思是"正常的分布""一般的分布",即其他分布都是特殊的,只有正态分布是一般的、正常的。正态分布如图 2-2 所示。

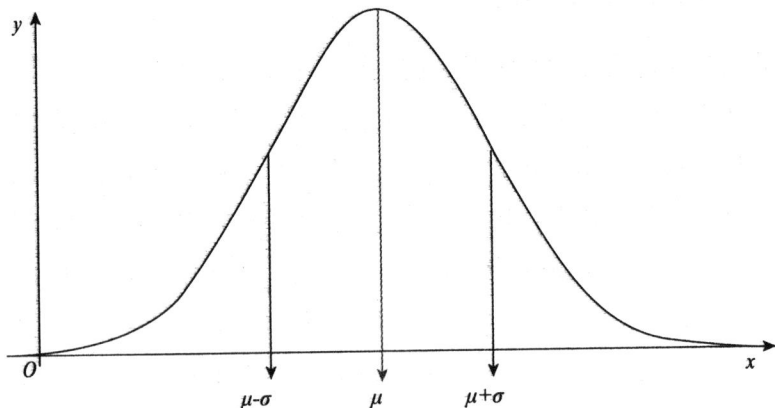

图 2-2　正态分布图

在正态分布的曲线图里,横坐标代表随机变量的取值范围,越往右,随机变量的值越大。纵坐标代表概率的大小,越往上,概率越大。这条曲线是左右对称的。中间的最高点代表平均值出现的概率最大,数据最多。两边陡峭下降,这意味着越靠近平均值,数据越多,越远离平均值,数据越少。

文化特性的正态分布表明一种文化中的大部分人具有本民族文化的典型特征,属于正态分布图的中间部分。弧线两端的人虽然分享该文化的某些共性,但是同时具有一些个性。[①]

1. 整体论

正态分布展示了文化特性分布的完整景观,它由基区、负区、正区三个部分构成,各区之间存在着不同的比重。教育者应从整体性角度出发,了解文化的内在特征,并揭示文化的根本属性。因此,在研究跨文化教育时,教育者必须从全局性角度出发,从而得出准确的结论。

[①] 高雅丽.跨文化教育的内涵、必要性、开展途径及原则 [J].江西社会科学,2013,33(10):249-252.

2. 重点论

正态分布清晰地揭示了文化特性的重点。在理解并改革事物时，捕捉核心是关键，核心主导着事物的发展。世界充满了复杂性，如果在面对复杂问题时不能抓住主要矛盾，就容易陷入琐碎之中。跨文化教育必须关注目标文化的核心，掌握其共性特征，进行合理的教育实践。

3. 发展论

联系与发展是事物进化的基本规律。每个事物都有其诞生、成长和消亡的过程，将正态分布视为某一系统或事物的发展轨迹，那么它会经历从负区到基区，再到正区的进程。正确把握事物或事件所处的历史阶段，理解其特性和本质，这是分析问题、制定策略和解决问题的基础。在不同的发展阶段，事物的特性有所不同。在跨文化教育中，教育者需要根据具体情况进行分析，这也是实事求是、解放思想的体现。

（五）符合时代发展的需求

全球化时代，各种文化相互碰撞、融合。在这样的背景下，跨文化交流的重要性日益显现。语言是交流的工具，而真正的沟通涉及文化的理解、尊重和包容。因此，跨文化教育不仅要教授语言技巧，更要让学生学会在多元化的环境中理解他人、表达自己。在此过程中，学生既能获得知识，又能获得文化智慧和交际策略，这种能力使他们能够更好地融入社会，参与各种跨文化活动，从而实现更高效、更深入的交流与合作。

科技的进步彻底改变了人类的生活方式和交流方式，数字化、互联网和社交媒体使世界各地的人们能够相互联系和交流，这使得跨文化交流的场景和方式发生了根本性变化。跨文化教育需要紧跟这些变化，除了要教授学生传统的交流方法，还要教授他们如何在新的技术环境中进行有效的文化交流。这意味着学生需要学会在不同的平台上与来自不同文化背景的人沟通、理解网络文化的差异和规范、在数字化环境中维护自己的文化身份和价值观。

社会在不断进步和变化，跨文化教育不仅要帮助学生适应现在的环境，还要为他们的未来做好准备。这要求教育者既要注重现有的跨文化交流技巧，还要思考未来的跨文化交流趋势，并将这些趋势融入教学中。这样，学生在学习的过程中，不仅能够掌握现有的技能，还能够形成创新和适应变革的能力。这种能力可以让他们在跨文化交流中更有优势，还能让他们在面对未来时更有信心。

第二节　跨文化教育的目标

一、跨文化教育的总体目标

人类的跨文化交流历程：部落间的交流演变至民族间的交流，最终进化为全球范围内的交流。这个历程表明全球跨文化交流是现阶段人类跨文化实践的主要发展趋势。

通过深入剖析人类跨文化实践历史，包括现代史，得出以下跨文化教育的总体目标：借助跨文化教育，推动跨文化实践全球化；减少当前社会面临的尖锐、复杂、长期的跨文化冲突，防止灾难性的跨文化冲突；鼓励文化多样性；推进不同文化之间的和谐共存；提倡不同文化间的相互尊重、相互学习和相互借鉴；推动全人类文化和各民族文化的共同发展，朝着和谐发展、民族性与全球性的和谐融合方向前进。跨文化教育的总体目标以社会取向为主，并在不同层面上呈现出不同的内涵。

二、跨文化教育的知识目标

跨文化教育的知识指向是全球各民族文化的全面理解，包括传统和现实的历史文化知识、日常文化知识（如风俗习惯、影视娱乐）、精神文化知识（如文学、宗教）、制度文化知识（如教育体制）、物质文化知识（如村落、物产）。这同时包括人类跨文化实践历史和现实的理解。历史的跨文化实践分析表明，丰富的跨文化知识有助于跨文化交流。因此，跨文化教育的知识目标是准确地获取跨文化知识。

准确地理解不同的民族文化，有利于形成有效的跨文化选择和理解。如果缺乏其他民族文化的知识，或者只有片面的、表面的理解，人们在接触其他民族文化时就不能产生共鸣。深入的理解可以使人们在接触其他民族文化时有广阔的视角和理解。

深入理解跨文化实践的历史经验和教训，以及现实的复杂性和尖锐性，有助于人们深入理解跨文化交往的必要性、理解人类文化的相关性、理解学习其他民族文化的重要性。

三、跨文化教育的态度目标

（一）开　放

开放是一种双向的状态，既包括主动向外延伸的过程，也包括接纳新事物的态度。这种特性既是人的本性，也是人类社会发展的形态。它源于人类生存的需求，同时是人类历史进程的必然结果。在跨文化背景下，开放意味着勇于面对并学习不同的文化元素，将其他文化作为观察、理解自我文化的镜子。

开放的跨文化态度对人类的生存至关重要。人类历史揭示，没有任何文化群体能在完全隔离其他文化的条件下健康发展。每个文化群体都在不同程度上接受和吸收其他文化群体的元素。在当前这个文化接触广泛的时代，民族文化的开放意味着全世界的开放，这种开放为每一个文化群体的生存和发展提供了广阔的选择空间。当然，开放并不意味着无原则、无标准，其基准是推动人类文化和谐发展，推动各民族文化和谐发展。

（二）平　等

在处理跨文化互动时，要尊重每一种文化的价值与独特性，坚守所有文化在人类社会中都应有平等地位的观念。这种平等不是意识形态上的理念，而是指导人们对待、理解和欣赏其他文化的基本原则。平等观念的核心是所有文化都是人类智慧和创造力的产物，无论规模大小、历史长短、影响力大小，每种文化都有其独特的价值和意义，人们应平等对待、尊重和学习各种文化。人们应该正视文化差异，理解这是文化多样性的体现，而不是优越或劣化的区别。在面临文化冲突时，人们应以平等、开放的态度寻找解决方案，不能将责任归咎于某一方或某一文化。

在跨文化教育中，平等的态度要求教育者和学习者深入理解各种文化的多元性，欣赏其独特价值。这种平等态度的培养有助于促进跨文化交流的进步，增进人们对世界的理解，并构建一个开放、包容、平等的社会。

（三）尊　　重

尊重促进理解。作为跨文化交往的基础，尊重能够消除误解，避免冲突。这不仅能够加深个体对不同文化的理解，还有助于形成深厚的跨文化交流和合作。当尊重文化成为一种习惯时，这种尊重就能够转化为理解和接纳的态度。这种态度进一步促进了文化的交流和学习，推动了文化的融合和发展。在这个过程中，每种文化都得到了发展。在全球化背景下，人们应尊重不同的文化、接纳多元的文化，这是形成和谐社会的基础。这种尊重有助于形成积极的、有利于全球化进程的态度。

（四）谨　　慎

谨慎强调在面对各类问题时的严谨、细致和周全，尤其是在理解和解释不同文化的过程中。在理解不同文化时，不能轻易判定自身的观点是全面的或是完全正确的，不能轻易认定自身已完全理解某种文化。文化的复杂性意味着人们的理解可能存在误区，而过于自信或肤浅的看待可能导致对文化的不尊重。该态度强调以丰富的知识和深入的思考为基础，准确地理解和尊重不同文化。这种态度提醒人们在处理跨文化问题时要慎重。

（五）客　　观

每种文化都是独特的，都有其自身的价值和贡献。客观的态度可以让人们看清楚这一点，从而避免文化的偏见和误解。真正理解文化的多样性和复杂性，是尊重每一种文化，欣赏它们各自的美和价值。客观的态度可以防止文化冲突。如果缺乏客观的看待，人们就容易对不同文化产生误解和偏见，这可能导致文化冲突。如果人们能够客观地看待文化差异，理解它们存在的原因，就可以避免这种冲突，甚至能够从中找到共享的价值。

（六）宽 容

在跨文化交往中，宽容意味着接受和尊重。这要求人们真正理解和欣赏所有文化，承认每一种文化都有其独特的价值和地位。宽容是理解和接受文化差异的基础，这些差异是文化多样性的必然结果，而不是文化优越性的表现。面对文化冲突和误解，宽容的态度可以帮助人们寻找和平的解决方案。

在跨文化教育中，教育者应强调宽容的态度。这种态度能帮助人们理解和欣赏所有文化的独特价值，还能推动不同文化人群间的相互尊重、理解和合作。培养这样的宽容态度，能够推动文化交往的和谐发展，促进深入理解。

四、跨文化教育的能力目标

（一）跨文化的认知能力

文化交往不可避免地催生跨文化认知，这是"人类对新事物的认知偏好"的体现。跨文化认知旨在通过观察、了解、访问、研究、阅读、分析、交流等多种方式，理解其他文化。从跨文化实践中可以看出，良好的跨文化认知能力有助于推动全球跨文化交流、减少跨文化冲突。

跨文化实践证明，准确地理解其他文化的能力可以有效地推动全球跨文化交流。跨文化教育的目标：培养学生准确地理解其他文化的能力，提升跨文化交流的能力。语言通常是跨文化交流的载体，外语能力的缺乏往往是理解其他文化的主要障碍。在英国，很多人对美国文化有比较准确的了解，这是因为他们使用相同的语言。在全球范围内，大部分国家和民族都使用不同的语言，这给文化理解带来了挑战。

有些国家和民族积极地将本民族的文化翻译成外语，以此传播本民族的文化。实际上，掌握其他民族的语言有助于人们更准确地理解其他民族的文化。语言本身是民族文化的一部分，它不仅是文化的载体，更是文化的呈现形式。因此，在跨文化交流中，外语的掌握能力是一项非常重要的能力。

（二）跨文化的比较能力

跨文化的比较能力是一种对比、分析不同文化现象、观念或行为模式的能力，它要求个体能够在理解和尊重不同文化背景的基础上，审视、对比和评估文化差异。在多元化的环境中，这一能力的形成对人类理解及接纳多元文化具有重要的意义。

每一种文化都是一个独特的现象，它包含特定的价值观、习俗和行为方式。通过比较不同文化，个体可以深入理解文化的多元性和独特性，从而摆脱单一文化视角的束缚，开阔自身的文化视野。在全球化的背景下，文化交流的频率越来越高。不同的文化背景往往导致不同的思维方式和行为模式。这种差异可能引起误解和冲突。跨文化的比较能力有助于个体正确地理解和处理文化差异，从而在跨文化交往中建立和谐的关系。通过对比、分析不同文化，个体可以挑战自身的文化偏好，形成批判性的思维方式，这有助于个体理解其他文化，也能帮助其反思自身的文化。

（三）跨文化的取舍能力

跨文化的取舍是指在理解并接受不同文化的过程中，能够基于情景需求、个人价值观和文化理解，做出适当的文化选择和调整。每一种文化的观念和行为方式都有其适用的情景，对个体而言，接受一种文化并不意味着完全舍弃另一种文化，而是可以根据自身的价值观和需求，取其所长，避其所短。面对不同文化背景的冲突和困境，个体需要依据自身的文化理解力和判断力，做出适当的决策和行为调整，这种能力对有效的跨文化沟通和交往关系的建立具有重要作用。跨文化的取舍能力有助于个体的文化成长。在理解和接受不同文化的过程中，个体的文化观念和价值观念会得到不断的拓宽和深化。通过对不同文化的取舍和调整，个体可以形成更加包容和多元的文化视野，增强自身的文化适应力。

（四）跨文化的参照能力

跨文化的参照是指个体在面对不同的文化背景和价值观时，主动参照、理解和尊重它们，同时根据不同的文化环境调整自身的行为和态度。在全球化的背景下，个体往往需要接触不同的文化，这就要求个体能够理解并尊重不同的文化背景和价值观，能够理解并尊重不同文化环境中的行为和态度。面对不同的文化环境，个体需要合理地调整自己的行为和态度，以增强个体在不同文化环境中的交往能力，增强个体的文化敏感性和适应性。跨文化的参照能力有助于促进文化的互动和交流。通过理解和尊重不同的文化、适应不同的文化环境，个体可以更好地与不同文化背景的人交流和互动，这可以增强个体的跨文化交往能力，促进各种文化的交流和互动。

（五）跨文化的传播能力

每一种文化都有其独特的语言、习俗、规范。有效的跨文化传播需要在理解和尊重这些差异的基础上进行，这不仅可以防止文化误解和冲突，还可以增进对各种文化的理解和接纳。跨文化传播能力强调具有灵活性和适应性的沟通技巧。在跨文化的环境中，信息的传递和理解可能受到语言、习俗的影响。有效的跨文化传播需要使用合适的语言和表达方式，以确保信息的准确传递。良好的跨文化传播需要人们具备适应新环境的能力，这有助于在不同文化环境中建立有效的沟通关系。

第三章 高校英语跨文化教学：意义与任务、影响因素、原则与方法

第一节 高校英语跨文化教学的意义与任务

一、高校英语跨文化教学的意义

全球经济发展的不断深入使得中国与世界各地的互动和协作日益加强。在这一背景下，英语教学效率和素质的提升，以及学生英语应用技能的提升，是中国经济增长的紧迫需求，也是当前中国高等教育的重要任务。越来越多的教育工作者开始关注语言和文化之间的关系，他们认为这是英语教学的核心议题。英语教学不只是语言知识的教授，还是文化知识的传递。跨文化教育的融入，已成为区分传统英语教学与现代英语教学的要素。因此，高校英语教学应在尊重文化多样性的基础上，有目标、有计划地将跨文化教育融入教学过程中，以促进不同文化的相互理解和借鉴。强化跨文化教育在高校英语教学中的意义包括以下几个方面，如图3-1所示。

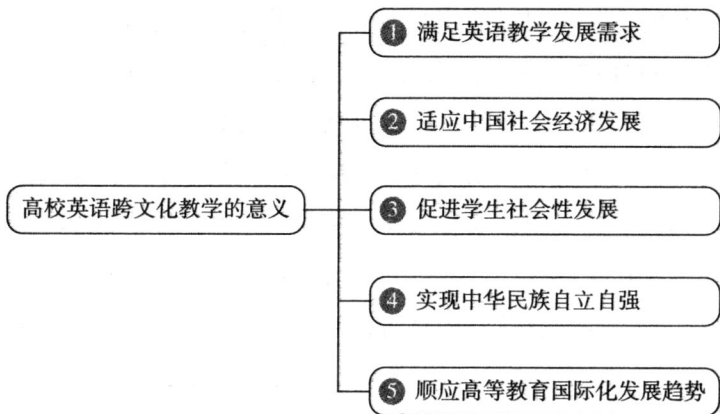

图 3-1 高校英语跨文化教学的意义

（一）满足英语教学发展需求

语言的表现往往受到多种社会文化要素的影响，中国人在跨文化交际环境中由于文化障碍而遭受"文化冲击"的现象并不罕见。"文化错误"比"语言错误"的影响更深远，"语言错误"会导致信息传达的不准确或理解的模糊，而"文化错误"会引发严重误解，甚至对立。交流者具备跨文化交际技能，可以有效避免文化背景差异引发的交际难题和冲突，从而达成交际目的。因此，英语教学不仅要关注语言学习，还要涵盖文化教育。英语教学与文化教学的结合，可以帮助学生拓宽视野，增加知识储备，加深对世界的认识，吸收和学习外国文化的优点，提升文化素养。①

（二）适应中国社会经济发展

随着改革开放的持续推进，中国的国际交流与合作越来越频繁，中国急需大量具备国际化素质的人才参与国际贸易、处理国际事务和强化国际文化交流。标准的国际化人才除应具备优秀的知识体系和强大的语言技能外，还应具备国际化的文化观念，理解外国的文化传统和交往礼节，拥有跨文化交

---

① 王海棠. 大学公共英语教学中英语文化教学的问题与对策研究 [D]. 北京：中央民族大学，2004：35.

际能力。这种能力基于双方的相互理解，并通过文化的双向交流和互动得以实现。顺畅、得体的交流不仅需要丰富的词汇和流利的语言表达，而且需要了解其他文化的历史、习俗、生活方式、价值观等。为了培养能胜任国际交流、具有国际竞争力的英语人才，适应中国科技、经济、文化等方面的发展，高校英语教学应重视跨文化教学，将教学重心从原来的听、说、读、写技能培养转向实用交际能力的培养。[①] 高校英语教学需要重视文化差异的引导，强化学生对不同文化背景的理解，拓宽学生的知识领域。这有助于培养学生的跨文化交际能力，同时为国际化人才的培养奠定坚实的基础。

（三）促进学生社会性发展

在全球化的背景下，社会不仅要求个人具有高超的专业技能和深厚的知识储备，更要求个人具备较强的社会交际能力和高度的社会适应性。这些素质在跨文化背景下的社会交往中尤为重要。作为未来社会的主体，学生社会性的发展是现代教育的重要目标。高校英语的跨文化教学可以帮助学生理解和掌握不同文化背景的交际规则和行为准则，使他们在面对来自不同文化背景的人时能进行有效的交际，避免误解和冲突。这不仅有助于他们进行人际交往，还有助于他们在全球化的职业环境中取得成功。通过跨文化教学，学生可以学到各种不同的文化观念和价值取向，这有助于他们开阔视野，增强批判性思维，更好地理解和适应社会的多元性。跨文化教学可以提升学生的社会责任感和公民意识感。通过了解和理解不同的文化，他们可以更深入地认识社会的复杂性和多样性，从而更深刻地理解和尊重他人的价值观，更积极地参与社会公共事务。

（四）实现中华民族自立自强

中华民族自立自强意味着经济的独立和自主，也意味着文化的自信和自尊。通过学习不同的文化，学生可以更好地理解和评价中国文化与其他文化

---

① 高云柱. 跨文化交际与高校英语教学融合发展研究［M］. 北京：新华出版社，2021：76.

的差异，从而增强对自身文化的认同感和自信心，这有助于中华民族在全球化的进程中保持文化的自主性和自身特色。跨文化教学可以帮助学生开阔视野，吸收和借鉴外国的优秀文化成果。通过提高学生的跨文化交际能力，高校英语跨文化教学可以提高中华民族在国际社会中的地位和影响力。跨文化交际能力的提高能够提升中华民族的软实力，有助于中国在国际交往中实现更好的理解和沟通，从而取得更大的发展和成功。

（五）顺应高等教育国际化发展趋势

高等教育的国际化发展趋势已成为不可逆转的现实。这主要体现在两个方面：国际学术交流越来越频繁，高校间的学术合作日益深入，国际化课程、联合教育项目层出不穷；学生的流动性增强，国际学生的数量不断增加，国际教育交换项目逐渐多样化。在这种情况下，高校英语跨文化教学的重要性不言而喻。

对学生来说，英语不仅是一种语言，更是一种跨文化交际的工具，它可以用于学术研究、专业学习、实际工作，还可以用于多元文化环境中的生活交流。在高等教育国际化的大背景下，英语跨文化教学可以提高学生的语言能力，帮助他们理解和适应不同的文化环境，从而更好地在国际化的学术场景和工作环境中与他人交流和合作。高校英语跨文化教学对高校的国际化进程具有积极的影响，它能提升学生的国际化素养，为他们开拓更广阔的视野，增强他们的国际竞争力。高校英语跨文化教学可以为国际学生提供更优质的学习体验，吸引更多的国际学生，提升自身的国际声誉。因此，高校英语跨文化教学对高校国际化发展的推动、高校国际竞争力的提升具有重要作用。

在这样的背景下，英语教育不仅仅局限在传统的语言教学范畴，而是注重培养学生的跨文化交际能力。高校英语跨文化教学，一方面需要注重学生的语言技能训练，另一方面还需要培养学生的跨文化意识。这样，学生在掌握语言的同时，能够拥有在国际化环境中成功交流和合作的能力。

二、高校英语跨文化教学的任务

（一）培养跨文化意识

跨文化意识包含对文化多样性的认识和尊重、对文化差异的理解、对跨文化交流的敏感性。

1. 对文化多样性的认识和尊重

文化不是固定的、单一的，而是多元的、多变的。在全球化的背景下，每个人都处在各种文化交织的环境中。要理解并尊重文化多样性，开阔自己的视野，了解不同文化的历史、传统、价值观和习俗，了解各种文化的独特之处。要宽容地对待不同的文化，不再将自己的文化视为唯一标准。这样的尊重和欣赏有助于奠定跨文化交流的基础，促进不同文化之间的和谐共处。

2. 对文化差异的理解

来自不同文化背景的人们可能具有不同的思维方式和行为习惯，对这些文化差异的理解可以帮助学生避免误解和冲突，提升不同文化背景下交流和合作的效率。通过了解不同文化的思维方式和行为习惯，学生可以更好地理解其他人的决策和行为动机。例如，在某些文化中，直接的表达可能被视为失礼，而在其他文化中，坦率的表达是受欢迎的。对这种文化差异的理解可以帮助学生在跨文化交流中更加灵活地处理问题。

3. 对跨文化交流的敏感性

在跨文化交流中，不同文化之间的差异可能导致误解、偏见和冲突。具备跨文化交流敏感性的学生能够理解和尊重他人的文化背景，避免文化偏见，从而有效地解决潜在的文化冲突，建立更加融洽的人际关系。在不同文化背景下，人们可能有不同的交流方式，如表达方式、沟通习惯等。具有跨文化交流敏感性的学生能够灵活应对，根据不同的情景和文化背景，选择合适的交流方式。他们会更加注意自己的非语言行为，如面部表情、肢体语言、眼神接触，以避免误解。

为了培养跨文化意识，英语教学不仅要注重语言技能的培养，还要注重文化知识的传授。教学方法需要具有跨文化特色。例如，采用跨文化情景模拟、案例分析、文化比较等手段，帮助学生体验和理解不同的文化。这样，学生能真正具备在不同文化背景下进行有效交流和合作的能力。

（二）提升文化素养

要想提升大学生的文化素养，教师可以从以下两个方面入手。

1.尊重学生的内心世界

尊重学生的内心世界，意味着尊重他们的情感、观念和价值观。这需要教师认识到，每个学生都是一个独立的个体，有着自己的观念和情感，这些观念和情感受其文化背景和个人经历的影响。在教育过程中，教师应尽力避免强加自己的观念和情感，应鼓励和支持学生发展、表达他们自己的观念和情感。每个学生都有自己独特的生活经验，这些经验塑造了他们的观念和情感，教师应尽力理解和尊重这些经验，并把它们当作教学的一部分，使教学更符合学生的实际情况。

2.注意情感教学

情感教学涉及对学生情绪反应的处理，以及学生情绪的融入。情感教学可以让学生对学习充满热情，并且能够更好地理解和接受不同的文化观念和价值观。

情感教学可以为学生创造支持和尊重他们情感的环境。每个学生都有自己独特的情感反应，这些反应可能受到文化背景、个人经验等多种因素的影响。教师应该理解并尊重这些情感反应，引导学生处理不同的情绪，如困惑、恐惧、兴奋、厌烦等。这样的环境可以提高学生学习的积极性和投入度，从而提高教学效果。在跨文化教学中，学生不仅需要理解和接受不同的文化知识，而且需要对这些知识产生情感反应。教师可以通过故事、影片、音乐等引发学生的情感反应，让他们对不同的文化产生更深入的理解。通过这种方式，学生可以更好地理解和接受不同的文化，进而提高他们的跨文化交流能力。情感教学可以帮助学生提高他们的情绪智能。情绪智能是个体理解、管理和利用情绪的能力，这是一种非常重要的社会交往能力。在跨文化教学中，教师可以通过教学活动，让学生在实际情景中学习和实践情绪处理。

第二节　高校英语跨文化教学的影响因素

语言与文化密切相关，文化对语言有着重要的影响。文化不同，受其影响的语言也不同。在高校英语教学中，帮助学生了解中西方语言与文化差异有助于明确英汉语言的规律与文化习俗。本节对高校英语跨文化教学的影响因素展开分析和探讨，如图 3-2 所示。

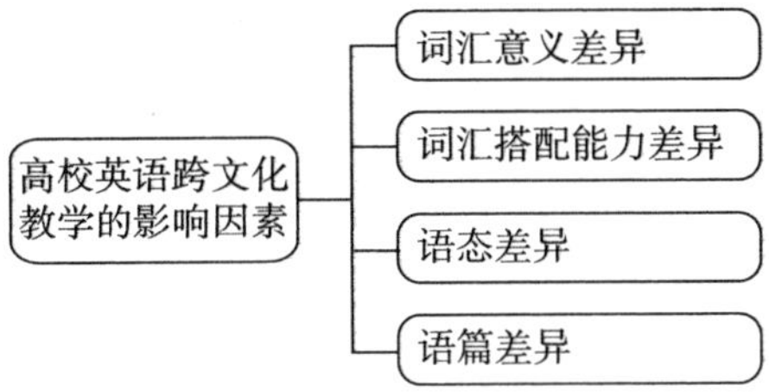

图 3-2　高校英语跨文化教学的影响因素

一、词汇意义差异

英汉两种语言之间存在着词义对应的四种情况：完全对应、部分对应、无对应、貌合神离对应。

在完全对应的情形下，英汉词义完全吻合，如 paper 对应"纸"，steel 对应"钢"。

在部分对应的情形下，英语词义比较宽泛，而对应的汉语词义比较狭窄。例如，sister 既可以指代"姐姐"，也可以指代"妹妹"；red 既可以表示颜色，也可以表示紧急、愤怒和极度危险的情况。

无对应的情形是英汉语言差异造成的。在这种情况下，某一语言中的词在另一种语言中找不到确切的对应词，这种现象称为"词汇空缺"。如 hot dog 在汉语中的意思是"热狗"。

貌合神离对应，也就是所谓的"假朋友"。从表面上看，某个词与另一种语言中的词对应，实际上意义完全不同。例如，grammar school 的汉语意思并不是"文法学校"，而是"小学"。

二、词汇搭配能力差异

词汇搭配的研究关注词语之间的并列组合关系，也就是"同现关系"。总的来说，搭配是约定俗成的。然而，英汉两种语言在搭配规则上存在着明显的差异，不能随意混用。有的词具有很强的搭配能力。例如，英语中的 to do 可以构成很多词组：to do the bed 的意思是"铺床"，to do the window 的意思是"擦窗户"，to do one's teeth 的意思是"刷牙"，to do the dishes 的意思是"洗碗"。汉语中的"看"有强大的搭配能力："看电影"可以译为 see a film；"看电视"可以译为 watch TV；"看地图"可以译为 study a map。在英语中，句法起着非常重要的作用。英汉句法的差异揭示了不同民族的思维方式和文化心理结构的不同。理解英汉句法的不同特征，有助于更好地进行英汉互译。

三、语态差异

思维方式的差异导致语态选择的不同，这在英汉两种语言中表现得尤为明显。总的来说，英语倾向使用被动语态，而汉语则偏爱主动语态。

在汉语中，主动语态的运用非常普遍。这是因为中国人强调行动的执行者，这就形成了一种以人为主导的表达方式。然而，汉语中也存在被动语态，通常用来表达不期望或不愉快的事件，如遭受灾难、受到伤害等。由于文化的差异，汉语中的被动语态通常比较僵硬。在英语中，被动语态的使用非常频繁。西方人重视自然现象的规律和原理，因此他们习惯用被动语态强调活动、事物的规律或动作的承受者，他们更关心完成的事情和过程。从语法结构上看，英语中存在十几种被动语态，不同的时态对应着不同的被动语态结构。

四、语篇差异

（一）逻辑连接差异

1. 内隐性与外显性

内隐性指在汉语的语篇中，逻辑关系并不需要连接词的标示，而需要上下文的推理。相对地，外显性指在英语的语篇中，逻辑关系往往依赖连接词等，常见的连接词有 but、and 等，这被称为"语篇标记"。汉语是一种基于语义的语言，英语则是一种基于形式的语言。前者着重语义的连贯，逻辑关系具有高度的内隐性；后者着重形式的对应，逻辑关系具有高度的外显性。

2. 展开性与浓缩性

除了逻辑关系的内隐性外，汉语还表现出展开性，即倾向使用短句，以便清楚地说明事情。英语在语义上具有浓缩性。外显性是连接词的显现，是语言活动形式的明示，而浓缩性并非如此。英语具有独特的语言特点，这决定了其表达方式的高度浓缩性，善于通过各种手段将大量信息进行综合。

3. 迂回性表述与直线性表述

英汉逻辑关系的差异体现在表述方式上。汉语偏重铺垫，先描述一系列背景和相关信息，然后陈述要点。英语偏重直截了当，将话语的重点放在开头，然后逐步介绍相关细节。

（二）表达方式差异

1. 主题与主语

汉语是一种主题突出的语言，其结构包含两个部分：一是话题；二是话题的描述。相比之下，英语是一种主语突出的语言，除了一些省略句，大部分句子都有主语，且主语与谓语需要保持一致。在维持这种一致性方面，英语通常会采用特定的语法手段。

2.客观性与主观性

在汉语语境下，人们通常重视主观思维，因此汉语强调人称，常将有生命的事物或者人物作为主语，而且通常以主观的语气表达。英语文化倾向于客观思维，因此英语强调物称，常将无生命的事物或无法主动行动的事物作为主语，并以客观的语气进行表述。汉语通常以主体为基础，不受形式的约束，其句子的语态倾向于主动语态，而英语的主动语态和被动语态有明显的区别，并且英语常使用被动语态。

第三节　高校英语跨文化教学的原则与方法

一、高校英语跨文化教学的原则

在高校英语跨文化教学中，教师应当遵循以下几个原则，如图 3-3 所示。

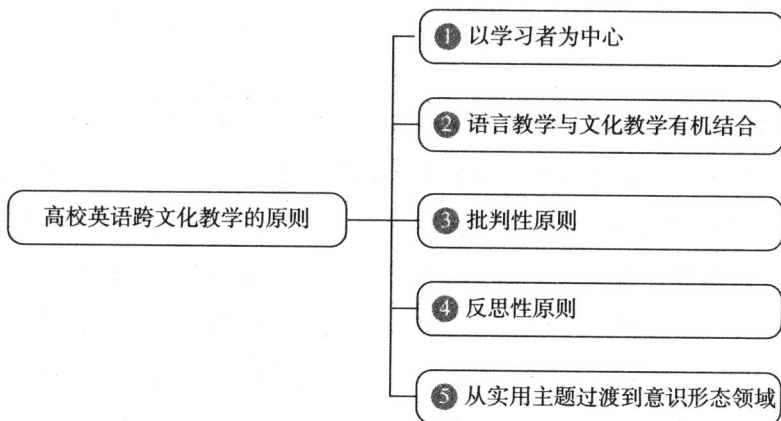

图 3-3 高校英语跨文化教学的原则

（一）以学习者为中心

对跨文化教学而言，以学习者为中心意味着教师需要根据学生的背景知识、兴趣和需求设计和实施教学。例如，如果学生对英语国家的文化和社会感兴趣，教师就可以引导他们深入了解这些话题，并让他们在真实的跨文化交际情景中实践。如果学生需要提高自己在特定场景中的交际技能，如商务交际或学术交流，教师则应关注这些特定领域的跨文化交际规则和习俗。以学习者为中心的教学需要教师对学生进行个体化的关注和引导。每个学生的学习能力、学习风格和学习进度不同，教师需要对此有足够的认识，并在教学过程中进行适当的调整。例如，对于在跨文化理解上有困难的学生，教师可以给予更多的支持和指导，帮助他们克服难题。对于已经有一定跨文化理解和交际能力的学生，教师可以提供更高级别的学习资源和学习任务，鼓励他们继续深入学习。学生不仅是跨文化学习的对象，更是学习的主体和参与者。他们应该有机会参与教学活动的设计和实施，教师应让他们自主选择学习的主题，决定学习的方式，参与讨论和决策等。

（二）语言教学与文化教学有机结合

这一原则意味着教师在教授英语语法、词汇、发音等语言技能的同时，要注重传递英语语言背后的文化理念，通过比较和对照，帮助学生理解和欣赏不同文化。

在教学的起始阶段，教师就应明确指出语言和文化是密不可分的。语言是沟通信息的工具，也承载和反映了民族的文化和价值观。每一种语言都有其独特的表达方式和思维模式，这体现的是一种独特的文化视角。例如，英语中的谚语包含着深厚的文化内涵和历史背景，这需要教师在教学过程中予以解读。通过对比学习，学生不仅能够提高语言技能，而且能够培养跨文化意识和理解力。教师在引导学生进行文化学习的同时，应不断关注学生对新文化的接纳程度，鼓励学生主动参与文化实践，尽可能地实现文化理论与实践的对接。例如，在教学过程中，教师可以组织各种活动，如角色扮演、对话模拟等，让学生在实际的语境中理解和体验英语文化。

（三）批判性原则

批判性原则要求学生在学习和理解新的文化现象时，不仅要接受和吸收新文化，而且要形成批判性思考的习惯。学生应学会挖掘并理解文化现象背后的深层含义，包括文化价值观、社会规则等，并从不同的角度进行解读和评估。例如，在学习英语中的特定文化现象时，学生应对这些现象进行深入的分析，了解其产生的社会背景和历史原因，探讨其影响和意义，甚至可以批判性地看待其存在的问题。批判性原则鼓励学生将所学的知识应用于实际生活，尤其是在跨文化交际的环境中。在进行跨文化交际时，学生应具备批判性的眼光，对文化冲突和误解进行深入的分析和理解，提出解决问题的策略。教师可以设计一些任务，如案例分析、问题讨论等，帮助学生将批判性思考转化为实践性操作，提高他们的跨文化交际能力。

（四）反思性原则

反思性原则要求学生在学习过程中，积极反思自己的文化背景和观念。这样的反思可以提高学生对自己文化的理解力，有助于他们理解不同文化的差异。例如，学生可以反思自己的语言习惯，探索这些习惯背后的文化含义，对比不同文化中的相似或不同的语言现象，进而对自我和他人的文化进行深入理解和接纳。在学习其他文化的过程中，学生应对自己的观念和偏见保持警觉，以避免文化偏见和误解的产生。这种警觉可以帮助学生避免自身文化中心主义，公正地理解他人的文化。例如，学生在学习英语国家的文化时，可能发现一些与自己的文化观念冲突的现象，这时，学生应以开放的心态理解和接受这些文化差异。反思性原则强调，教师在教学过程中应提供各种反思机会和平台，促使学生进行自我文化反思，这可以通过课堂讨论、小组活动等方式实现。通过反思性的学习活动，学生能更好地理解和接纳自我和他人的文化，进而在跨文化交际中展现出理解的态度和能力。

（五）从实用主题过渡到意识形态领域

学习者的年龄层次决定了他们在认知、情绪发展和经验层面的显著差异，这些差异对教学内容和教学方法具有重要影响。通常，年轻的学习者更倾向于与日常生活和学习密切相关的、有可比性的、具体的、直观的教学素材。随着学习者认知水平的提高、心理承受力的增强、生活经验的丰富，语言教学和文化教学的深度和范围逐渐扩展，涉及更为间接、复杂的思想领域。在文化教学中，这种相关性和适应性更加重要。

跨文化交流能力的培养是一个长期且复杂的过程。学习者对自身语言和文化的理解和体验是教学过程的关键组成部分。因此，学习者在学习外国文化时，总是处在自我认识、自我反思、自我批评、自我完善的状态。这意味着任何远离学习者经验和认知能力的教学内容和教学方法都将违背以"自我"和"他人"为比较标准的文化学习原则。

二、高校英语跨文化教学的方法

近年来，随着跨文化培训和外语教学的不断发展，文化教学的方法、文化教学与语言教学有机结合的方法不断涌现。

（一）文化教学的方法

各种文化教学策略的形成得益于跨文化培训专家的实践努力，他们基于社会学、文化学、教育学和心理学的理论开发出这些方法。

1.文化研讨会

研讨会是一种传播知识的高效方式，对文化教育至关重要。作为培养跨文化交际能力的关键环节，学生需要通过研讨会深入理解并掌握各类文化知识，包括文化的核心属性、作用、内容和范围，以及不同文化的价值观和社会规范。文化研讨会的设计和实施应遵循一定的原则，研讨会需要涵盖与文化教学相关的主题，如文化差异、文化影响、文化包容性等，这样可以确保学生在每个研讨会中都能获得文化理解的新视角。教师应安排专门的时间，用于讨论和解答问题，这样学生就有机会针对讲座内容提出问题、寻求答案，甚至发表自己的观点，这对于学生批判性思维和交际技能的增强非常有帮助。研讨会的形式要多样化，现代教育技术提供了丰富的工具和平台，这有助于增强研讨会的吸引力和参与性。例如，使用视频、音频、动画、互动游戏等方式，呈现复杂的文化现象和理论，使之更易于学生理解和记忆。利用在线讨论板、社交媒体等工具，可以提高学生的参与度。研讨会的效果评价非常重要，学生的学习进度和学习成果应通过定期的测试等方式评估以帮助教师了解学生的学习情况，便于教师进行教学调整，而且能激励学生对所学知识进行反思和深化，从而提高他们的学习效率。

2. 关键事件分析

关键事件分析是一种实证研究方法，其主要目标是通过分析具有代表性的失败案例，揭示并理解跨文化交际中误解产生的原因。这种方法是基于现实情景的，且有着强烈的互动性，能够帮助学生理解不同文化的表现形式。这些案例通常源于真实的交际情景，对学生来说，这种方法既有趣又具有启发性，能够激发他们在阅读案例、选择答案时进行深度思考，从而有效地培养他们跨文化的敏感性。

在分析关键事件时，需要对交际双方在文化背景上的差异进行描述，并对交际过程中出现的误解和相应的情景进行详细描述。然后，根据所描述的情景和误解，提供几种可能的解释，这些解释需要反映出不同的文化观念和行为习惯。接下来，让学生根据自己的理解和判断选择最可能的解释。如果学生选择错误，教师就要引导他们重新分析情景，以便更准确地理解文化差异，并重新选择。这种教学方法借助真实的跨文化交际案例，让学生在实际的情景中寻找规律，理解文化差异，从而达到跨文化教学的目标。

关键事件分析的价值不仅在于跨文化交际中误解的揭示，更在于教学方法的启发性。这种方法能够激发学生思考，使他们不仅能够理解跨文化交际中的误解，而且能积极地寻找解决方案。这种方法能够培养学生的批判性思维，他们需要在不同的解释中做出选择，并对自己的选择进行反思。

3. 模拟游戏

模拟游戏是一种实践导向的教学活动，通过亲身体验达到教学目的。这种方法可以将抽象的理论知识转化为具体的实践经验，使学生能够在模拟情景中学习和理解文化知识。它通过挑战既定的思维模式，拓宽学生的视野。模拟游戏能够让学生体验尚未遇到的情景，并从中获得新的经验和认知。对文化学习者来说，这是一种很重要的学习方式。

在模拟游戏中，学生被赋予特定的角色，他们必须根据角色的需求和情景的变化调整自己的行为。这需要他们放弃以自我为中心的思维方式，尝试站在别人的角度理解和处理问题。这种从别人角度出发的思考方式有助于学生理解和接受文化差异，提高他们的跨文化理解能力。这种模拟游戏的学习方式能够让学生在游戏中寻找并实践解决问题的策略，从而提高他们的问题解决能力。模拟游戏的设计需要注意真实性和挑战性，游戏应尽可能地反映真实的文化交际环境，使学生能够在游戏中体验真实的文化冲突。游戏需要具有一定的挑战性，以激发学生的学习兴趣和参与热情。这样，学生能够全身心地投入游戏，获取丰富的实践经验，提高跨文化交际能力。

（二）文化教学与语言教学有机结合的方法

1.文学作品分析与文化教学的结合

文学作品是各种文化的载体，对文学作品的深度分析能使学生接触和理解其所代表的文化。这种基于文学作品的文化教学方法，具有直接性和生动性，有助于提高学生的跨文化交际能力。文学作品中的人物、事件和背景都包含着丰富的文化元素，它们展示了某种文化的价值观、社会规则、生活方式等。通过阅读和分析文学作品，学生可以更深入地理解文化的特点和内涵。通过阅读文学作品，学生可以了解文化内容，提高语言技能。当学生在阅读过程中遇到不熟悉的词语或不理解的句子时，他们需要查阅词典或寻求他人的帮助，以理解文本的含义。这样的过程有助于提高学生的词汇量和阅读理解能力。此外，文学作品中的对话、描写和叙述还可以让学生了解语言在真实情景中的使用情况。这对于学生语言实际运用能力的掌握是非常有帮助的。

要想使文学作品分析成为有效的文化教学和语言教学手段，必须充分发挥教师的作用。教师需要精心选择适合学生阅读的文学作品，并设定合适的阅读任务。在分析文学作品时，教师需要引导学生从文化的角度进行思考，发现并理解作品中的文化元素，帮助学生理解和掌握文学作品中的语言知识，如词汇、句型、语言风格等。这样，基于文学作品分析的文化教学才能取得预期的效果。

2. 词汇教学与文化教学的结合

词汇既是语言的基本单位，也是文化的重要承载者。词汇承载着特定文化的特征和信息。词汇教学与文化教学的结合，可以使学生在掌握语言知识的同时，更好地理解和欣赏相关的文化内容。例如，一些词语是在特定文化环境下产生的，直接反映了这种文化的特色和价值观。通过这种方式，学生可以更加深入地理解文化，增强跨文化交际的能力。词汇教学与文化教学的结合，可以使学生更加深入地理解词汇的含义和用法。一方面，不同文化背景下的词汇在含义和用法上可能存在差异。了解这些差异，可以帮助学生更准确地使用词汇，避免在跨文化交际中产生误解。另一方面，文化背景知识的介绍可以使词汇学习变得更加有趣和生动，提高学生的学习兴趣和学习动力。

为了实现词汇教学与文化教学的有效结合，教师需要设计合适的教学活动。例如，通过对比不同文化背景下同一词语的含义和用法，可以引导学生思考文化差异对语言使用的影响。通过讨论词汇在文学作品或影视作品中的使用，可以引导学生感受词汇在实际情景中的文化含义。

第四章　跨文化视域下多模块英语教学：
听力、口语、阅读、写作、翻译

第一节　跨文化视域下英语听力教学

一、英语听力教学的重要性

听力是英语学习的关键部分。通过听力学习，学习者能够接收和理解各类语言信息，然后对其进行解读。在高等教育机构的英语教育实践中，英语听力教学被视为一项至关重要的教学活动。对学生来说，在交流的过程中，他们要理解对方的交际信息，然后进一步交流。英语听力教学的重要性是无可比拟的，它是人际交流的基础。学生英语听力水平的提升是一项长期且困难的教学任务，这需要教师和学生持续努力。

（一）巩固语言知识

听力教学能够为学习者提供丰富和多样化的语言输入，尤其是在词汇、语法、语用等方面。通过听力练习，学习者不仅可以学到新的单词和表达方式，还可以学到语言在不同语境中的运用方式。这种通过听力实践进行语言学习的方式，能使学习者深入理解并掌握语言知识。听力教学能够提高学习者的语言敏感性和语调敏感性。在听力练习中，学习者需要关注发言者的语音、语调、语速等方面的信息，这有助于学习者在实际交流中理解和使用语言。例如，学习者可以通过听力练习了解同一句话在不同语调下可能表达的不同含义，这能够增强学习者运用语言的灵活性。

（二）激发学习兴趣

听力教学具有独特的方式和手段，能够以其富有趣味性和生动性的特点，显著地激发学习者的学习兴趣。语言本身是生活的一部分，听力材料通常包含各种各样的现实生活情景和对话，这使学习者可以接触到丰富多样的语言内容，观察到语言在实际生活中的应用。这种具体、生动的学习过程能够有效地吸引学习者的注意力，增强他们的学习兴趣。听力材料通常源于真实的生活场景，这意味着学习者在听力学习中接触到的语言信息贴近他们的实际生活。学习者能够意识到通过听力学习得到的语言知识和技能，对他们的交流具有直接的帮助，这种实用性和真实性增强了学习者学习的积极性和主动性。听力材料可以涵盖各种主题，如文化、科技、社会等，不同的主题和内容可以满足不同学习者的需求。此外，听力教学的方式和手段也是多样的。这些多样的教学方式能够激发学习者的学习兴趣。

（三）提高交际能力

在日常生活和学术环境中，听力技能有助于接收和理解信息。掌握良好的听力技能，准确地理解他人的话语，才能做出适当的反应。听力教学的主要目的是培养学生获取和理解英语口语信息的能力，让学生能够在英语交际中做出正确且迅速的反应。这不仅要求学生能理解口语的表面意思，而且要求他们能理解说话者的语境，从而理解口语深层的含义。听力教学可以让学生了解到口语的各种特点。口语与书面语有许多不同的地方。例如，口语中常常包含各种口头语、缩略词等。如果学生只学习书面语，就无法理解口语的特点。通过听力教学，学生可以接触到各种真实的口语材料，了解到口语的各种特点。听力教学可以帮助学生提高他们的社会交际能力。在听力教学中，学生可以接触到不同文化背景下的口语材料，这些材料往往包含丰富的文化信息，通过分析和理解这些信息，学生可以了解到不同文化的特点，进一步提高他们的社会交际能力。

二、跨文化交际与听力的关系

在理解语言的过程中，语音、词汇、语法、语速都是关键因素。这些只是表面的语言元素，不足以让学习者理解所听到的内容。真正的理解需要借助与该语言相关的文化知识和交际知识，这强调了跨文化交际能力的重要性。听力材料往往深深地扎根于英语国家的文化、历史、人文地理、社会习惯等。如果学生不了解东西方文化的差异，以及英语国家的社会文化、传统习俗、地理历史、风土人情、生活方式等，那么他们的听力理解会受到影响。文化背景知识的缺乏使学生无法用英语思维进行思考，从而影响其反应速度和听力效果。

培养跨文化交际能力是外语教学的终极目标。虽然语言能力是交际能力的基础，但是语言能力并不等于跨文化交际能力。在外语教学中，教师往往过于注重语法知识和句子结构，即让学生构造出符合语法规则的句子，而忽略了对学生跨文化交际能力的培养。听力理解是一项综合能力，这不仅要求学生具备大量的词汇知识和扎实的语法知识，而且要求他们准确地理解并运用语言。文化背景知识的掌握程度直接影响学生的听力理解水平。

三、文化差异对英语听力教学的影响

（一）语言语用失误

语言语用失误主要指运用语言时出现的语义错误。在高等教育的英语听力教学中，语言语用失误可能对学习者的理解造成阻碍，进一步影响其判断能力。具体来说，交际的一方未完全领会说话者的真实意图，这导致了二者之间的误解，从而使得进一步的交流变得困难。语言语用失误通常有具体的成因，主要包括以下几个方面。

1. 不恰当的母语迁移

汉语和英语是两种截然不同的语言体系，它们在结构、词汇等方面存在显著的差异。对学生来说，他们在英语学习过程中，往往使用汉语作为交际的主要工具。因此，汉语的表达习惯和思维模式在一定程度上会影响他们的英语表达，这种现象被称为母语迁移。在实际的英语听力教学中，学生可能将汉语的表达习惯和表达方式应用到英语中，从而引发错误。这种负向的迁移会对学生的英语学习产生不利的影响。

2. 英汉词语差异的不了解

由于中西方文化存在差异，英汉两种语言在词汇上无法实现完全对等。因此，对学生而言，他们在学习英语的过程中必须深入了解和学习中西方文化的差异，以便精确地理解英语表达的含义。事实上，一些学生可能从他们自己的语言视角学习英语，从而导致一些交际失误。

（二）社交语用失误

社交语用失误主要指交际双方由于社会地位、身份、学识等不同而在交际过程中出现的语用失误。引起社交语用失误的原因有很多，主要包括以下几点。

1. 价值观对社交语用的影响

每个人都有独特的价值观，这些价值观在人际交往中的表达往往成为他们语用表达的重要组成部分。个体价值观的差异可能导致理解偏差和语用失误。例如，某些文化看重个人主义，而另一些文化强调集体主义。在一场跨文化的交谈中，一方的语言表达违背了另一方的价值观，这就可能导致社交语用失误。价值观差异可能导致沟通困难，甚至误解。因此，交际双方应理解彼此文化的价值观，这是避免社交语用失误的关键。

2. 民族性格对社交语用的影响

民族性格是某个特定民族固有行为和思维模式的概括性描述，每个民族都有独特的性格。这种特征在交际过程中会对语言的表达和理解产生影响。例如，一些民族可能喜欢直接、明确的语言表达方式，而其他民族可能倾向使用含蓄或象征性的语言。这种沟通方式的差异如果没有得到恰当的理解和处理，就可能在交流过程中产生社交语用失误。换言之，如果交际双方不能适应对方的语言表达习惯，就可能出现理解偏差或者语用失误。民族性格影响社交场合的期望和规范。在某些文化中，人们可能对直接、坦率的反馈有所期待，而在其他文化中，人们可能重视礼貌和尊重。这种社交场合期望和规范的差异可能导致语言交流中的社交语用失误。

3.习俗对社交语用的影响

不同的习俗可能导致社交语用失误。例如，某些社区可能有一个规定，即在正式的场合中，人们被提问后才能发言。对这种习俗不了解的人可能在社交场合中无意识地表现出失礼，从而造成社交语用失误。同样，某些社区可能有特定的称呼习俗，外来者没有按照这些习俗称呼对方，这可能导致社交误会和冲突。因此，对于社区习俗的了解和尊重是预防社交语用失误的重要手段。习俗影响人们的语言表达，在某些文化中，人们可能倾向使用特定的短语，以表达敬意或表达某种情感。不理解这些习俗可能导致语言误解，从而导致社交语用失误。

四、英语听力教学的原则

（一）激发兴趣

兴趣是最好的老师。学生真正对所学内容产生兴趣，全身心地投入学习，才能获得良好的学习效果。跨文化素材具有鲜明的文化特色和丰富的语境，它可以提供真实且多元的听力输入，使学生在享受听力素材的同时，不自觉地吸收并学习语言。例如，播放一段外国影片，可以让学生在欣赏影片的同时，体验和理解语言在不同文化背景下的运用。跨文化素材能训练学生的听力技能，还能拓宽他们的文化视野，促进他们的跨文化理解和交际能力的提高。又如，播放一段外国名人的讲座视频，可以引导学生听取不同文化背景下的观点，培养他们的跨文化沟通能力。通过利用丰富的跨文化素材，教师可以成功地激发学生的学习兴趣，使他们在听力学习的过程中，提高自己的语言能力和跨文化交际能力。

（二）注重情感

语言学习不仅是一个认知的过程，更是一个情感表达的过程，学生的学习动机、学习兴趣、学习态度等都会受到情感因素的影响。在跨文化视域下听力教学中，通过使用各种各样的教学手段和教学材料，教师可以激发学生的情感反应，从而使学生在愉快的情绪中进行听力学习。例如，教师可以运用一些有趣的电影片段、音乐、故事等教学材料，引发学生的情感共鸣，进一步激发他们的学习兴趣和学习动机。

教师需要通过各种手段，引导学生正确处理各种情感反应，以帮助学生克服可能出现的情感障碍。例如，学生可能因为听不懂某个单词或短语而感到挫败，这时，教师应该及时鼓励和引导学生，让他们明白这是学习过程中的正常现象，鼓励他们坚持下去。

（三）强化文化背景知识

语言和文化是密切相关的，没有对文化背景的理解，学生很难完全理解和掌握语言。在进行英语听力教学时，教师需要让学生了解和理解相关的文化背景知识。这样，学生在进行听力练习时，就可以更好地理解语言的内涵，进一步提高听力水平。在听力学习过程中，学生可能遇到一些文化差异导致的理解困难，这时，教师需要引导学生正确理解和处理这些文化差异，帮助他们克服由此产生的听力理解困难。

五、英语听力教学的对策

在跨文化视域下，高校英语听力教学可以采取以下对策，如图4-1所示。

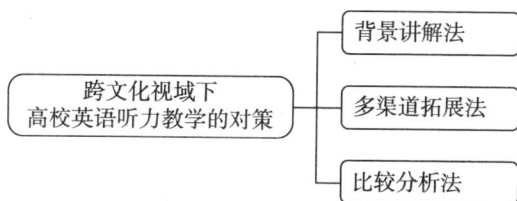

图4-1　英语听力教学的对策

（一）背景讲解法

在讲解语言知识之前或之后，向学生介绍与该知识相关的文化背景。这种方法可以帮助学生更好地理解语言内容的含义，理解在特定文化背景下的语言使用方式，从而提高他们的听力理解能力和跨文化交际能力。例如，在教授 "beat about the bush" 这个习惯用语时，教师可以先向学生介绍这个习惯用语的来源和含义。"beat about the bush" 的原意是猎人在打猎时，为了把鸟赶出灌木丛而围着灌木丛走。在汉语中，它被用来描述避免直接回答问题或讲话不直截了当的行为。通过学习这个习惯用语的背景，学生可以更好地理解它的含义和使用场合。在教授 Thanksgiving Day 时，教师可以先介绍感恩节的历史背景。这样，学生在听材料时，就能更好地理解其中的内容，从而提高听力理解能力。

背景讲解法可以用来讲解不同文化背景下的礼仪规则、社交习俗等内容。例如，在教授英语中表达祝贺的方式时，教师可以先向学生介绍西方文化中的祝贺礼仪。

（二）多渠道拓展法

在英语听力教学中，教师应该鼓励学生全方位地接触并掌握多元化的英语知识。学生需要集中精神，以快速应对听到的内容。听力课程具有高强度、高效率的特点，而学生在学习听力课程的过程中往往处于被动接受的状态，容易产生焦虑感。为了解决此问题，教师可以指导学生通过特定的实践活动，如欣赏英语歌曲、观看英语电影、听英语新闻，了解并吸收各类文化背景知识，以拓宽他们的跨文化交际视野。这些方式可以增强学生的视听感受，激发他们学习听力的兴趣，从而提升他们的听力技能。

对英语学习者来说，他们除了在听力过程中充分考虑文化元素的影响外，在日常学习过程中也应重视实用听力技巧的锻炼，如听新闻、听公告、听电话、听解说、听访谈、听歌曲等。由于内容各异，所需的技巧和方法也会有所差别。例如，学生应频繁地听英语新闻，这不仅能够提升他们的英语听力水平，而且有助于他们了解国外的新闻动态，扩大他们的视野。在听英语新闻的过程中，学生应保持轻松的心态，只关注自己感兴趣的部分。如果想要锻炼听力技巧，那么学生就得全神贯注地听英语新闻，并努力获取更多的细节信息，弄清新闻内容的全貌。在此情况下，学生在听的过程中需要特别留意关键词，并将这些关键词串联起来，理解新闻的主要意思。

（三）比较分析法

比较分析法能够帮助学生理解各种语境中英语词汇的使用。例如，同一个词在不同的文化背景下可能有着完全不同的含义。通过比较分析，学生可以了解到这些差异，避免在理解英语听力材料时产生误解。在英语听力学习中，很多难以理解的内容往往源自文化差异。通过对比分析，学生可以更深入地理解英语和文化之间的关系，提高听力理解水平。比较分析法可以提升学生的批判性思维能力，通过对比分析，学生可以从多元文化视角理解和评估信息。这种批判性思维对国际化视野和跨文化交际能力的培养至关重要。

第二节　跨文化视域下英语口语教学

一、英语口语教学概述

口语技能由以下三个部分构成：语言技能、语用技能、策略技能。英语听力教学提供了丰富的英语输入材料，而英语口语教学则提供了英语输出的机会。英语口语教学对学生有较高的要求，学生必须具备大量的语言输入知识。此外，学生还需要关注英语口语的表达技巧。

在英语口语教学实践中，英语口语教学的主要目标是让学生敢于说英语，敢于使用英语与他人交流。英语口语训练涉及两个步骤：一是传递信息，二是接收信息。具体而言，英语口语教学的步骤主要包括输入、操作、输出，这是一个循环的过程。在英语口语教学实践中，教师不仅要向学生传授一定的英语口语技巧，还要为学生创设一定的英语口语交际场景，以确保英语口语教学的高效进行。

尽管英语口语教学是英语教学的重要组成部分，但是目前仍有部分高校不重视英语口语教学。在学习英语的过程中，学生容易受到母语的影响，如正向转移、负向转移。因此，教师在英语口语教学实践中需要合理引导学生认识英汉两种不同语言之间的差异，以及中西方文化之间的差异，帮助学生更好地理解和掌握英语相关知识和技能。

二、跨文化交际与口语的关系

理解不同文化背景下的表达方式和沟通习惯，对英语口语的正确理解和使用具有重要意义。英语是全球使用广泛的语言，其使用者来自不同的文化背景。因此，英语口语的使用充满了跨文化的特征。使用英语进行口头交流时，学生不只要理解语言本身的知识，还要理解语言的文化背景。跨文化交际能力的提高对英语口语能力的提高有着直接的促进作用。具备跨文化交际能力的学生在理解和使用英语口语时，能更准确、更自然地表达思想，更有效地理解他人的表达，从而增强口语交际效果。在这个过程中，学生不仅需要理解英语本身的规则，更需要理解英语的文化规则和价值观，这些都是构成跨文化交际能力的重要元素。在英语口语教学中，通过引入各种真实的跨文化交际场景，教师可以帮助学生在实际的交际过程中提高英语口语能力。这种教学方法有助于培养学生的跨文化意识和跨文化交际能力，使他们在未来的工作和生活中更有效地使用英语。

作为一种重要的交际工具，英语口语扮演着跨文化交际的媒介角色。在全球化的背景下，英语已经成为全球公认的国际性语言。因此，英语口语技能不仅意味着语言技能，更意味着跨越文化障碍的交际技能。在来自不同文化背景的人们走到一起，并进行交流与合作时，英语口语就像一座桥梁，连接着不同的文化，使人们可以顺畅地进行沟通。值得注意的是，跨文化交际是对文化、习俗、价值观等深层次的理解与交流。这表明具备熟练的英语口语交际能力的学生能理解英语口语中蕴含的文化元素，这对跨文化交际效率和质量的提高具有重要作用。英语口语对跨文化交际能力的培养起着重要的推动作用，通过学习和实践英语口语，学生可以得到大量关于其他文化的信息。通过对英语口语的学习和使用，学生可以逐渐习惯使用不同于母语的语言进行交流，这对跨文化适应能力的提升有着重要的影响。

三、文化差异对英语口语教学的影响

（一）词汇文化对英语口语教学的影响

每个学生都想在交流中传达特定的观点和情绪，这就要求他们必须拥有足够的词汇知识，从而在交谈中顺畅地表达自己的思想。此外，随着中国与世界各国交流的日益频繁，中国人与来自其他文化背景的人进行交流的机会不断增加。因此，教师在进行英语口语教学时必须向学生阐明不同文化之间存在的文化差异，这将提高学生的见识，增强他们的跨文化意识。

事实上，许多英语习惯用语都包含 get 这个单词，在口语实践中，教师应指导学生理性地理解和使用这个单词。例如，在句子 "I didn't get a chance to speak." 中，get 表示"获得"，而在短语 "get a grip" 中，get 表示"掌握、理解"。

（二）思维模式对英语口语教学的影响

思维模式对英语口语教学具有显著的影响。

第一，思维模式对英语口语学习者的语言学习和语言使用具有重要影响。例如，不同的文化背景和语言环境将塑造不同的思维模式，这种思维模式将通过语言的使用呈现出来。因此，教师在进行口语教学时，一定要教育学生理解并掌握其他文化背景下的思维模式。

第二，思维模式对学习者理解和运用英语的能力具有决定性的影响。如果学生能够理解并掌握其他文化背景下的思维模式，他们就能够更好地理解和运用英语，这对他们英语口语水平和能力的提高是至关重要的。教师在进行口语教学时，应鼓励学生尝试理解和使用这种思维模式，以提高他们的英语口语水平和能力。

第三，思维模式对英语口语教学的教学方法和教学内容具有决定性的影响。例如，教师在进行英语口语教学时能够根据学生的思维模式设计和选择合适的教学内容和教学方法，这有助于提高教学的效果和效率。这就要求教师在教学过程中，充分考虑学生的思维模式，以此为指导，选择和设计有效的教学内容和教学方法。

四、英语口语教学的原则

（一）先听后说

这一原则能帮助学生以一种自然的方式掌握语言，这种方式与母语学习过程中的听说顺序相似。通过听，学生能够在语言环境中接收大量的语言输入，这是形成语言能力的基础。多样性的语言材料可以帮助学生形成对语法和词汇的感知和认识。教师应鼓励学生多听，无论是在课上，还是在课外，学生都要尽可能地接触和理解英语。先听后说原则强调语言输出的重要性。如果学生没有将所听内容转化为输出，就无法真正掌握语言，在听的基础上说，从而实现语言内化。这就要求教师在教学过程中，不仅要提供丰富的听力材料，还要提供充足的说的机会，通过听说相结合的方式，帮助学生更好地理解和掌握英语。语言并不只是语法和词汇的组合，它还包含着丰富的文化信息。通过听，学生可以接触到英语所承载的文化信息，理解英语国家的文化背景和思维方式。通过说，学生尝试在交际中应用这些文化知识，形成有效的跨文化交际。教师在教学过程中，要引导学生注意语言的文化内涵，培养他们的跨文化交际意识。

（二）互　动

互动原则强调教师与学生之间的交流。在口语教学中，教师是知识的传授者，也是学生学习过程的引导者和促进者。教师应该以开放的态度接受学生的反馈，根据学生的需求和情况调整教学策略，从而提升教学效果。学生间的互动可以提供更多的语言实践机会，通过实际的交流和对话，学生能够在实践中提升口语能力，教师应该在课堂上创设各种互动场景，如角色扮演、小组讨论等，鼓励学生积极参与，互相学习，互相促进。语言是文化的载体，通过互动，学生不仅能学习语言，更能了解和理解不同文化的价值观、思维方式等。这有助于学生形成跨文化交际的能力，从而更有效地使用英语进行交流。教师应在教学过程中引入不同的文化元素，引导学生在互动中理解和接纳文化差异，培养跨文化意识。

（三）循序渐进

这一原则强调英语口语教学应由浅入深，由易至难。英语口语技能的习得不是一种简单的记忆过程，而是一种复杂的训练过程，学生需要在长期的语言实践中逐步积累知识。

教师应教授学生基础的词汇知识，让学生掌握基础的口语表达方式。随着学生英语口语能力的提高，教师可以逐步提高教学难度，如教授更复杂的句型和表达方式、进行更高层次的口语交际活动等。在此过程中，教师应根据学生的学习进度和学习能力，适时调整教学内容和教学方法，使教学与学生的实际需求相适应。教师在教学过程中应引导学生了解和理解英语口语中的文化元素。语言是文化的载体，理解语言中的文化元素，有助于提高学生的英语口语交际能力。教师可以引入一些英语国家的生活习俗、文化传统等内容，让学生在学习语言的同时，了解和理解不同的文化。在全球化的今天，英语口语交际不仅是语言交际，更是文化交际。教师应在教学中强调对文化差异的理解和接受，引导学生形成跨文化交际的能力，以适应日益多元化的交际环境。

（四）科学纠错

教师应明确犯错误是学生掌握语言规则、提高语言技能的必经阶段。在英语口语教学过程中，学生所犯的错误不应被过度强调，而应被理解为学生语言应用的尝试，这些尝试是语言学习过程中不可或缺的一部分。科学纠错要求教师灵活运用多种纠错策略，这些策略包括直接纠错、间接纠错、提示纠错等。教师需要根据学生的语言能力、错误的类型和严重程度、教学的具体环境等因素选择纠错策略。正确的纠错策略可以激发学生的自我纠错意识，提高他们的自主学习能力。科学纠错要求教师重视纠错的时机，适当的纠错时机可以使学生对自己的错误有更深入的理解和反思，从而达到更好的学习效果。一般来说，对于影响理解的重大错误，教师应及时纠正；对于非重大错误，教师可以在适当的时候指出，避免打断学生的流畅表达。

五、英语口语教学的对策

（一）文化植入法

1. 直接呈现

直接呈现的方式指教师通过教材和多媒体资源，为学生展示英语和文化。教师要选择富含文化信息的教材，尤其是能够反映目标语言国家社会文化背景的教材。例如，选用原版英语小说、影视、歌曲等，这些资源中的语言表达都源于特定的文化背景，可以帮助学生了解和学习英语口语的真实表达方式，帮助他们理解和感知目标语言国家的文化价值观和社会习俗。

在教学过程中，教师应引导学生关注和理解这些资源中的文化信息。一方面，教师需要为学生提供一些背景知识，帮助他们理解语言表达中隐含的文化意义；另一方面，教师需要设计一些讨论和反思的活动，鼓励学生主动探索和思考文化背景和语言表达之间的关系。这样，学生不仅可以学到地道的英语口语表达，还可以提升他们的跨文化理解能力和跨文化交际能力。

2. 间接呈现

间接呈现主要是通过编写教材、情景模拟等方式进行的。例如，在编写教材时，可以引用一些富含目标文化的阅读材料，如故事、传记、新闻报道等。这些材料中的语言和场景都反映了目标文化的特征，可以帮助学生更好地理解和掌握英语口语中的文化元素。又如，在情景模拟中，教师可以设计一些角色扮演活动，如商务洽谈、小型聚会、旅游咨询等。在这些活动中，学生需要用英语进行交流，并在交流中了解和应用目标文化的行为规范和交际习惯。

对教师来说，间接呈现的关键是引导和教育学生发现并理解这些隐含在语言中的文化信息。教师需要为学生提供一些必要的背景知识，帮助他们理解这些文化信息。教师应鼓励学生自主探索，让他们通过实际的语言使用来体验和理解文化的影响。当学生能够自主地理解和运用文化知识时，他们的英语口语交际能力才能得到真正的提高。

（二）文化渗透法

文化渗透法的本质是使目标语言文化渗透在教学过程中的各个环节，从而使学生在学习英语的同时，接触和理解英语所承载的文化信息。文化渗透法可以在教材选择和课堂教学中得到体现。例如，在教材选择上，教材内容可以是反映英语国家生活、历史、文化、社会习俗的文章和对话，让学生在阅读和学习教材的过程中，自然而然地接触英语国家的文化现象，增强他们的文化意识和文化素养。在课堂教学中，教师可以将文化信息融入教学内容和教学方法，引导学生从实际语境中体验和理解英语口语中的文化元素。经过一段时间的学习，学生的英语水平能够得到很大的提升。教师可以结合实践让学生多交流、多学习。在交流过程中，教师应该对学生进行有效的引导，从而不断地发展他们的语言学习思维。

（三）文化对比法

文化对比法主张对比学生的母语文化和英语文化，使学生深入地理解和掌握英语口语中蕴含的文化内容。文化对比法的核心是文化的比较，在英语口语教学中，教师可以选择一些具有代表性的文化现象，包括节日习俗、饮食习惯、日常礼仪等，并将其与学生的母语文化进行对比。例如，在教授英国的饮茶文化时，教师可以将其与学生熟知的本地饮茶文化进行对比，让学生从中发现两种文化的相似之处和不同之处。这样的对比不仅可以帮助学生直观地理解英语文化，而且能够激发他们对本地文化的反思。通过这种对比方法，学生可以清晰地把握英语口语中的语境、背景和文化内涵，从而自然地运用英语知识。

（四）美剧辅助法

1. 选择合适的美剧

作为一种集文化、情感、语言为一体的媒介，美剧为学生提供了一个深入体验和学习目标语言文化的平台。选择合适的美剧是美剧辅助法成功的关键，要想确保所选美剧的内容适合学生的年龄和兴趣，就要选择内容简单、对话清晰、语速适中的美剧。这些美剧中的日常对话、生活场景为学生提供了丰富的口语学习材料，同时展示了美国文化的各个层面。有一定基础的学生可以选择内容复杂、涉及不同文化和社会议题的美剧。这些美剧有助于提高他们的听力能力和口语能力，同时有助于他们深入探讨跨文化议题。教师需要指导学生有效地使用这些资源，如要求学生关注特定的对话、场景或文化现象。此外，学生也可以记录不熟悉的词语或表达方式，并在课堂上进行讨论。这样，美剧就成为学生学习口语的工具，以及探索和理解目标文化的窗口。

2. 关闭字幕、自主理解

关闭字幕、自主理解的主要目的是让学生全身心地沉浸在英语语境中，从而更好地培养听力和口语能力。字幕是一种心理上的"安全网"，学生容易对其产生依赖性，这实际上限制了他们听力的发展。当学生不再依赖字幕时，他们开始专注于角色的发音、语调和情感，从而更加深入地理解对话内容。这种方法能够帮助学生学到非书面的日常表达方式和习惯用语，这些都是在传统教材中难以找到的。

在此过程中，学生可能会遇到一些不理解的单词或短语。面对不熟悉的内容，学生需要依赖上下文和自己的推理能力猜测意思，对真实的跨文化交流来说，这种技能是非常重要的。教师可以鼓励学生记下不熟悉的单词，并在观看结束后进行研究和讨论。

3. 开口模仿

开口模仿的好处是学生能够融入真实的语言环境中。与简单的对话模仿不同，美剧提供了各种社会和文化背景下的对话场景，涵盖了众多的口语表达方式。当学生尝试模仿角色时，他们其实是在模仿真实语境的语言表达，这比传统的句型练习更能增强他们的语言运用能力。这有助于学生更好地理解语言背后的文化含义，使他们在真实的交流中更自如地运用英语知识。

模仿是一种有效的自我纠正方法。当学生大声模仿时，他们更容易发现自己的发音错误和语法错误。模仿能增强学生的自信心，使他们更愿意在实际场景中说英语。实际上，在模仿的过程中，学生很可能将所学知识应用于现实生活中的各种场景，从而真正实现跨文化交流。教师可以鼓励学生在模仿的过程中进行创新，结合自己的生活经验，创造新的对话场景，锻炼学生的口语能力，培养他们的创新思维。

第三节　跨文化视域下英语阅读教学

一、影响英语阅读教学的跨文化因素

（一）词汇方面

学习者在阅读英语文本时，经常会遇到一些与自身文化背景不同的词语和表达方式。这些词语和表达方式可能有明确的含义和指代，但由于文化背景的差异，目标语言学习者理解起来很困难。

某些英语词语本身就蕴含着丰富的文化信息。例如，"thanksgiving"这个词不仅代表"感恩"，还代表一个特定的节日，这个节日具有美国文化的特色，其背后有着独特的历史传统和文化意义。如果学习者不了解这个节日的背景知识，他们可能会忽视这个词在特定语境中的真正含义。同样，一些地名、人名、习俗、社会现象等也包含着丰富的文化信息，如果学习者缺乏相关的文化背景知识，就很难理解这些词语。在不同的文化背景下，同一词语会有不同的语义。例如，"freedom"在西方文化中强调个人的自由和权利，而在东方文化中强调集体的利益和社会的和谐。因此，词汇方面的文化差异可能对阅读理解产生影响。

（二）习惯用语方面

习惯用语在文化构建中占据着核心地位。许多英语习惯用语包含着丰富的文化内涵。这些习惯用语在英语文化中有固定的含义和用法，不能直接按照字面意思理解。例如，"kick the bucket"的字面意思是"踢桶"，但实际上它在英语中的含义是"去世"。又如，"bite the bullet"的字面意思是"咬子弹"，实际上它在英语中的含义是勇敢地面对困难或痛苦的事情。理解这些习惯用语需要具备一定的文化背景知识。在阅读过程中，如果学习者不理解英语习惯用语的文化含义，就难以把握整个句子乃至篇章的含义。因此，在教学实践中，教师需要有意识地向学生传授常用的英语习惯用语，使他们逐步累积并掌握更多的习惯用语，从而提升阅读能力。

（三）语篇方面

语篇是由单词、句子构成的，它承载着深层次的文化信息。这对英语阅读理解的影响尤为显著，英语课本中的语篇就充满着西方的文化色彩。英语议论文常常以事实和逻辑为基础，倡导理性和客观；汉语议论文通常引用权威的言论或故事，并以此支持论点。学生在阅读英语议论文时，如果没有理解和适应这种以事实和逻辑为主的写作风格，就难以理解文章的内涵。英语小说、诗歌等文学作品常常充满了深厚的文化内涵，这些作品中的语境、人物行为、习俗、习语等都带有西方文化的烙印。此外，新闻报道等事实性文本也充满了文化信息。例如，对于战争、政治、社会问题等的报道，各个国家的看法和立场往往因文化背景的不同而有所差异。因此，学生在阅读英语新闻时，需要具备一定的跨文化理解能力，以便准确地理解新闻内容。

二、跨文化交际在英语阅读教学中的意义

（一）促进学生与他人合作交流能力的提升

拥有跨文化交际能力的学生会更加有效地理解和评估来自不同文化背景的人们的观点和行为。通过阅读英语文本，他们可以更深入地了解各种文

化，包括习俗、社会行为、价值观等。这种理解会使他们在与他人交流的过程中更具同情心和包容心，能更好地适应不同的文化环境，使得交流更加顺畅。在团队合作中，学生需要和来自不同文化背景的人共同完成任务，在这个过程中，他们不仅需要了解和接受不同的观点，还需要在语言和文化的差异中找到共同的解决方案。具备跨文化交际能力的学生在这种环境中会更加自如地运用英语知识，他们能够用适当的方式表达自己的观点，并理解他人的观点，与他人有效合作。

（二）促进学生文化敏感性的提升

对学生来说，他们在阅读英语文本时，能够感受到来自不同文化背景人们的生活方式、思考方式。这种理解提升了学生的阅读能力，让他们对其他文化有更深的理解和尊重。这种文化敏感性可以让学生更加尊重和理解其他文化，从而与来自不同文化背景的人顺畅交流。学生可能在不同的文化环境中生活和工作。因此，跨文化交际能力是非常重要的。通过阅读，他们可以提前了解并适应不同的文化环境，这对他们未来的职业发展非常有益。

三、英语阅读教学的对策

（一）以语篇和语境为主展开分析

学生经常由于无法精确把握熟悉的词语在某种文本背景下的意义，而难以理解句子所表达的意思。中西方文化差异往往让学生感到困惑。因此，教师应以一种全局性视角逐步提升学生的阅读能力。在这种教学方法中，教师需要完成三个关键任务：首先，帮助学生认识不同语言之间的逻辑结构差异；其次，帮助学生明了不同语言的表达方式；最后，帮助学生理解不同语言在修辞方式上的区别。

1. 介绍逻辑结构

（1）显明性与隐含性。如前文所述，在阅读过程中，学生可以发现文章的逻辑关系主要通过连接词实现。在阅读英语语篇时，学生常常可以看到一些连接词，如"but""and"等，这些连接词通常被称为"语篇标记"，它们体现了显明性。与此相反，汉语文章逻辑关系的构建不需要连接词，学习者可以通过分析故事的前后部分进行判断和理解。英语依赖形式，汉语依赖意义，这两种语言存在着明显的差异。

（2）浓缩性与展开性。除了逻辑关系连接词不同外，汉语和英语在语义层面上也有显著的差异。英语和汉语的思维方式大不相同，这导致英语呈现出高度的浓缩性。学习者采用汉语的阅读方式，将大量的信息逐一翻译成汉语，这显然是不合适的。相反，汉语展现出强烈的展开性，如倾向使用短句等，通过逐步阐述清晰地表述一件事情。

（3）直线性与迂回性。英汉文章的表述方式显著不同。英语写作习惯将主题直接放在句首，然后逐步进行详细阐述，而汉语强调事实的铺陈和罗列，将所有要点阐述完后抛出核心议题。

2. 讲解表达方式

（1）主语与主题。在分析英语文章时，学生可以迅速定位句子的主语，当然也有例外，如省略句。学生通常可以快速地找到句子中的主语，有些句子中还存在主谓一致的现象。汉语句子的结构非常清晰，不必保持主谓一致。

（2）主观性与客观性。东方和西方的思维模式有着显著的不同。西方人倾向采用客观的思考方式，英语句子的主语大部分是无生命的事物。东方人倾向于直观的思考方式，常常采用有生命的事物作为句子的主语。受这种思维方式的影响，英语在主动语态和被动语态上没有明显的划分。

3. 明确修辞方式

（1）拟人。英汉两种语言都有一种修辞方式，即拟人。这种方式将非人的事物赋予人的特性，使其如同人一般表现。

（2）夸张。夸张是在现实的基础上，对某一特性进行艺术性放大或缩小，以达到强调的目的。

（3）对偶。对偶是一种常用的修辞方式，其中包括字数、结构等方面的相似或对比。对偶不仅具有强烈的节奏感和整齐的音节，在内容上还具有较强的概括性。

（4）比喻。英语中的明喻和汉语中的明喻在本质上是相同的，都表示主体和喻体之间的相似关系。然而，并不是所有英语中的明喻都能和汉语中的明喻一一对应，有时英语中的明喻需要通过意译或转换等方式以符合汉语的表达习惯。

（二）实现阅读教学和课外活动的结合

有效的阅读教学不仅可以帮助学生掌握语言的基本结构，还可以培养他们的思维能力和逻辑推理技能。然而，单纯的阅读教学常常无法激发学生的兴趣，导致他们在学习过程中失去动力。这时，阅读教学与课外活动的结合就显得尤为重要。这种结合方式可以通过各种形式实现，如角色扮演、小组讨论、情景模拟等，以此提高学生的学习兴趣，从而提高他们的学习效果。课外活动是提高学生跨文化交际能力的重要手段。通过参加英语角、英语剧社、英语演讲比赛等活动，学生可以在实践中提高听、说、读、写的能力。这些活动可以帮助他们了解英语国家的文化。高等教育机构在组织英语教学时，应当重视阅读教学与课外活动的结合，以此提高学生的英语水平。

（三）鼓励学生阅读英语报刊

英语报刊提供了真实且即时的语言环境，使学生可以在阅读过程中自然而然地吸收新的词语和语法结构。这些报刊通常涵盖广泛的话题，如政治、经济、社会、文化、科技、体育等，学生可以根据自身的兴趣选择不同的阅读材料，从而提高他们的阅读兴趣和阅读效率。报刊文章使用的语言通常是标准、流行的，这对学生提高语言理解能力和表达能力具有重要作用。通过阅读英语报刊，学生可以接触英语国家的文化、习俗、价值观等，提高跨文化理解能力。这些报刊常常报道英语国家的重大事件、日常生活、社会风貌等，这些信息为学生提供了了解并理解英语文化的窗口。通过这种方式，学生能够提高他们的英语水平，以及跨文化交际能力。这有助于他们在今后的生活和职业发展中更好地沟通和交流。

（四）开展有效的文化研讨

文化研讨的目标是让学生通过研究、讨论和理解英语文化，提高语言技能和跨文化交际能力。文化研讨可以以多种形式进行，如小组讨论、主题报告等。这些活动通常需要学生独立或合作完成，以便他们能够对英语文化进行深入的研究和理解。学生可以选择一个与英语文化相关的主题，通过查阅相关的文献、网站、视频等资源，进行详细研究，并向全班同学进行报告。这样的活动可以提升学生的研究能力和语言表达能力，同时可以让他们更好地理解和感受英语文化。在这个过程中，教师的角色是非常重要的。教师需要为学生提供必要的指导和帮助，确保他们能够有效地进行文化研讨。此外，教师也需要设计一些活动，使学生能够在不同的场景中使用和实践他们所学的语言知识和文化知识。例如，教师可以组织模拟英语国家的文化节庆活动，让学生能够在实际的环境中体验和了解英语文化。这种活动可以让学生更加积极地参与英语学习。

在英语阅读教学中，教师可以通过设定各种有趣且富有教育意义的文化主题，激发学生的学习兴趣，并组织全班同学进行有序且富有深度的文化主题讨论。为了确保讨论的有效性，教师需要确保每个学生都有机会参与讨论，避免某些学生被边缘化。选择的文化主题应当既有趣又有一定的挑战性，以便激发学生的好奇心和探究欲。

1. 教师在文化研讨中的行为

在文化主题的讨论过程中，教师要在讨论开始前明确讨论的主题和目的，并在讨论过程中发挥引导和监督的作用。教师应随时观察学生的参与情况和讨论方向，确保讨论活动围绕着主题进行；教师应根据讨论进展和学生反应对讨论规则进行适时的调整。通过这种讨论方式，学生可以在实际的交流中积累丰富的文化背景知识，进而更好地理解和适应不同的文化环境，有效地解决跨文化交际中可能出现的问题。随着讨论主题的增多，学生掌握的文化背景知识相应地增加，因此，教师应逐步增加讨论主题的难度和深度，以促进学生的持续学习和成长。在课堂讨论中，教师应定期检查和评估讨论的进展，及时发现并解决学生在互动过程中可能遇到的问题，以便更好地改善课堂讨论的质量，提高教学效果。

2. 文化研讨实施的细则

在外语教学中，学生不仅学习语言，还担负着适应和融入新文化环境的重任。学生的双重身份要求教师在教学过程中充分考虑每一位学生的特点。由于学生对教学内容和教学方式的反应各异，教师需要采用多样化和灵活性强的教学策略，以鼓励学生积极参与并适应教学活动。为了提高课堂讨论的效果，教师在教学活动开始前要向学生明确讨论的重要性，并共同探讨和确定有效的学习策略，提升学生的学习动力和参与度。

在课堂活动中，教师应引导学生理解每个活动的目标，鼓励学生反思并分享他们的感受，帮助学生深入理解教学内容，并从中获得丰富的学习经验。教师应倡导民主参与和集体决策，让学生参与制定课堂讨论的规则，增强他们对课堂活动的归属感，提升他们对规则的认同度和遵守度。在规则制定过程中，学生通常考虑各种可能的情况，这既锻炼了他们的思考能力和判断能力，也有助于营造公正、高效的学习环境。

第一，在组织课堂讨论活动时，教师应在讨论过程中充当协调者和引导者的角色，确保讨论的顺畅性和高效性。

第二，教师应鼓励学生积极表达个人观点，并强调尊重他人意见的重要性，营造开放、尊重的讨论环境。

第三，每一位学生都应获得平等的表达机会，其他学生在此期间应避免干扰，保持良好的倾听态度。

第四，教师可以设置一些奖励机制和惩罚机制，鼓励学生相互监督，促进学生遵守讨论规则，确保讨论的公平和秩序。

第五，课堂讨论既是学生表达观点的机会，也是学生相互学习和思考的平台。学生可以自由提问，并期待其他学生的回答。小组内部应通过民主方式选择小组负责人，以确保小组活动的有效组织和运行。

第六，在讨论过程中，学生们可能存在不同观点，教师应指导学生理解，不同意见并不意味着相互对立。相反，不同观点的存在有助于拓展思维，丰富讨论内容。

第七，如果学生在讨论过程中出现语言错误，教师和同学应适时地进行纠正，以促进学生语言能力的提升。

第八，学生应积极参与讨论，认真倾听和思考他人的观点，这样可以从多个角度理解和探讨问题。

3. 文化研讨的附加作用

（1）提升交际能力。讨论本质上是一种对话过程，其中语言的表达至关重要。学生将自己的思想清晰地用语言表达出来，这使得对方能够理解并做出响应，这样的思想交换过程实际上是交际能力的锻炼过程。在文化研讨中，学生通过对话，不断地优化自己的表达方式，进而提高语言表达能力和交际能力。

（2）发展逻辑思维能力。面对特定的文化话题，学生需要进行深入的分析和思考，从而得出有说服力的结论。对于相同的文化主题，不同的学生可能有不同的观点和结论。通过对比和讨论，学生能够自然地锻炼和提升自己的逻辑思维能力。

（3）增强团队合作能力。有效的讨论必须建立在良好的秩序之上，这需要所有参与者共同遵守既定的规则。在遵守规则的过程中，学生要学会团队协作，这既提升了他们的团队合作能力，也培养了他们的责任感和纪律性。

（4）增强文化自信。通过积极参与讨论、表达自己的观点和见解，学生在文化研讨的过程中能够获得成就感和满足感。这种积极的参与体验有助于增强学生的文化自信，使他们自信地面对不同文化背景下的交流和挑战。

（五）促进中外合作，开展跨文化交流活动

中外合作能为学生提供更广阔的学习平台。这种教学模式通常会引入国外先进的教育理念和教学方法，这对英语教学效果的提高非常有帮助。中外合作可以为学生提供海外学习和实习的机会。通过在英语环境中学习，学生不仅可以提高他们的语言技能，还能更好地理解和适应英语国家的文化和社

会环境。这种经历对学生跨文化交际能力的提升具有很大的帮助。

开展跨文化交流活动是提高英语教学效果的有效方法，这类活动可以帮助学生更深入地理解英语国家的文化，有助于他们更好地理解和使用英语知识。例如，学校可以邀请外国教师和学生来校访问，或者组织学生去英语国家进行短期的文化交流。在这样的活动中，学生可以直接与英语国家的人交流，这对他们语言实践能力和文化理解能力的提升非常有帮助。

第四节 跨文化视域下英语写作教学

一、英语写作教学中跨文化交际的应用

英语写作的基本构建模块是词汇，因此词汇应当得到适当的重视。在语言的组成部分中，文化和词汇之间的关系非常紧密。词汇是语言中活跃的部分。在跨文化交际研究中，词汇的文化含义是一个关键组成部分。在语言学中，拥有特定文化含义的词汇被称为"文化词汇"，这些词汇与文化之间的关系紧密，常常含有深刻的文化意义。英语写作经常涉及文化词汇，如习惯用语、称呼语等。英语教师应指导学生在日常学习中分析这些文化词汇，理解其背后的文化含义，从而使他们的写作更为流畅。

思维和价值观的差异对英语写作教学产生了重大影响，这主要体现在句子和文章的结构上。教师应从结构的高度指导学生写作，逐步培养学生的思维习惯，并提高他们的英语写作水平。在写作过程中，学生不可避免地会遇到一些结构问题。首先，赘述问题。为了引人注目，学生往往重复强调自己的观点，这在句子中体现为某些内容的重复出现。其次，汉化问题。中国学生在汉语文化背景下学习英语，因此他们不可避免地会受到汉语文化的影响。英语句子结构通常比较紧凑，句子之间的逻辑关系非常强。与英语相比，汉语更重视意义的合成，其结构比较松散，句子之间的逻辑关系并不那么紧密。

在文章的布局方面，英语强调形式一致，汉语强调意义一致。通常，在阅读英语文章时，可以在开头部分明确文章的主要观点，随着阅读的进行，

可以进一步找到每段的中心句。在阅读汉语文章时，通常不能通过开头和中间部分明确作者的主旨，必须读到最后才能明确文章的主题。

二、英语写作教学的原则

在跨文化视域下，高校要想保证英语写作教学的有效性和高效性，必须遵循一定的原则，如图 4-2 所示。

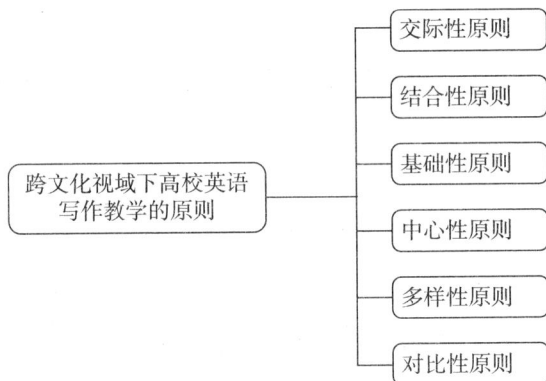

图 4-2　英语写作教学的原则

（一）交际性原则

教师在实施教学时，应始终满足学生的需求，从而提升学生的交际能力。教师的责任就是为学生呈现尽可能多的交际场景，使他们能够真实地感受文化差异。

在写作活动开始之前，可以进行一些讨论活动，让学生有机会分享自己的观点。这种讨论活动可以通过小组形式进行，鼓励每个学生积极参与，分享自己的见解。在写作活动结束后，可以进行修改，让学生回顾自己的作品，找出可能存在的问题并进行修正。这些活动的主要目的是让学生有机会交流想法，积累更多的写作素材。在写作过程中，学生不仅能够提高自己的写作技巧，还能通过不断的实践，更好地理解和掌握语言的交际性原则。无论是传统教学方法还是现代教学方法，都应当遵循交际性原则。这样才能确保教学活动的有效性，从而提高学生的学习效果，使他们在学习过程中获得更多的乐趣和满足感。

（二）结合性原则

在教学过程中，要将语言学习和文化教育融合在一起，二者相互补充，共同进步。教师在授课时，应尽可能地将二者结合在一起，通过适当的方式融入文化知识，使其成为语言学习的一部分，以及文化教育的一部分。这种方式可以提高学生的文化素养，使他们在学习过程中受益匪浅。需要特别强调的是，虽然文化知识的传授对学生来说是非常重要的，但是它不应成为教学的全部，而应作为教学的补充或延伸。换句话说，文化教育不应成为教学的核心，而应与语言学习并重，共同构成一个完整的教学体系。

（三）基础性原则

对学习者来说，牢固的基础知识是必不可少的。这意味着学习者应熟练掌握基础语法、拼写、词汇、句型结构等知识。这些基础知识是至关重要的，它们是写作的核心元素。对于初学者，基础知识的学习可能是一个持续的过程，需要实践的积累。这些基础知识的积累会形成一种技能，学生可以自如地将其用于各种写作场景中。基础性原则意味着教师应该不断地回顾和巩固这些基础知识，确保学生可以熟练运用。

基础知识的学习并不是规则的完全遵循，而是知识的灵活运用。尽管语法规则在写作中起着重要的作用，但是在某些情况下，语法规则的违反可能产生强烈的效果。虽然拼写和句子结构的准确性是非常重要的，但是在某些情况下，非正式或者创新的方式可能更有吸引力。

（四）中心性原则

在当今英语教学中，以教师为中心的传统教学模式逐渐被新型教学模式取代，这种新的教学观念强调学生在学习过程中的主导地位，教学活动应以满足学生需求为核心。现代英语教育的目标是提升学生的英语实际运用能力，同时尊重他们的学习习惯和学习特点，特别是在英语写作教学中。

在以学生为中心的教学模式下，教师的角色发生了转变，教师从传统的知识传递者转变为学生学习的引导者和促进者。教师应鼓励学生主动参与学习，并激发他们的学习兴趣和创造力。例如，在英语写作教学中，教师可以采用小组讨论等方式，提升学生的参与度。通过小组讨论，学生可以在相互交流和合作中提高写作技巧，这也有助于培养他们的批判性思维和问题解决能力。教师可以根据学生的具体水平和教学内容，灵活地选择合适的讨论主题和讨论方式，如角色扮演、辩论、案例分析等，以提高教学效果和学生的写作水平。

小组讨论的形式主要有以下几种。

1. 复习式

这种方式能够帮助学生巩固已学知识，让他们发现并强化自己的优势。在实施过程中，教师不应单纯地重复教材内容，而应通过有趣的讨论话题激发学生的参与热情，使复习过程更生动、有趣。

2. 提问式

提问式讨论是小组讨论的核心。恰当的提问可以促进学生的思考和表达。这种方式有助于减轻学生的写作负担，引导他们总结信息并表达观点。在提问时，教师需要注意问题的顺序和方式、问题的明确性和具体性，这样既能促进学生思考，又能帮助教师准确把握学生的学习情况。为了维持课堂秩序，教师可以规定学生回答问题的方式，如书面回答、举手发言，并设计不同难度级别的问题，以便不同程度的学生都能参与。

3. 卷入式

卷入式讨论旨在让更多学生积极参与写作教学。在这种模式下，教师可以采用多种策略，如重复问题或答案、鼓励学生提问、组织集体回答等，以确保每一位学生都有机会参与讨论。

4. 反馈式

在英语写作教学中，小组讨论的有效性很大程度上依赖学生及时的反馈，以便教师做出必要的课堂调整。作为一种关键的互动方式，反馈式讨论使教师能够实时了解学生的学习状态和学习需求。为了收集学生的反馈信息，教师可以采用简洁的方法，如要求学生将想法写在纸上，并通过巡视课堂快速收集信息。

5. 互助式

在这种模式下，学生可以进行团队合作，共同解决问题或相互提问。这既能促进同学间的互相理解和支持，也可以帮助他们学会尊重和接纳他人的观点。值得注意的是，这种互助方式强调学生之间的协作，从而培养学生的独立思考能力和问题解决能力。

实际上，在英语写作教学中，教师应根据学生的英语水平和班级规模，灵活地选择不同的讨论技巧。各种讨论形式应相互联系，相辅相成，以实现教学目标。在组织讨论活动时，教师应灵活运用各种技巧，以激发学生的学习兴趣，鼓励他们积极参与。无论选择哪种讨论形式，教师的目标都应是调动每一位学生的参与热情，让他们在讨论中积极思考和表达。

（五）多样性原则

在英语写作教学过程中，只有语言基础知识的积累是不够的，写作技能的真正提升需要通过多样化且有针对性的实践训练实现。因此，教师可以设计一系列富有创造性的写作练习，如模仿写作、精简表达、内容扩展、文章重构、情景创作等，这些练习可以帮助学生在实际操作中逐步掌握并提升写作技巧。例如，在模仿写作环节，学生可以模仿写作范例的结构和风格，在独立创作中熟练掌握写作技巧。在精简表达练习中，教师可以引导学生围绕关键词进行思考和讨论，然后整合这些关键词，并概括出文本的中心思想。在内容扩展练习中，教师可以激发学生的想象力，鼓励他们基于现有的知识框架进行创意拓展，并确保内容的现实性。在文章重构练习中，强调对原文深入理解的重要性，通过改变文章的叙述角度或结构，学生可以深刻地把握文章的中心思想。在情景创作练习中，要求学生融合平时所学的知识点，并将其转化为富有情感的文字，锻炼他们的语言表达能力，进而提升他们综合运用语言的能力。

（六）对比性原则

对比性原则主张，在教学过程中突出英语和汉语之间的文化差异和语言差异，帮助学生认识和理解这些差异。教师可以指出英语和汉语表达方式的差异，如英语倾向直接、明确的表达，而汉语注重含蓄、间接的表达。通过这种对比，学生能够深刻地理解英语写作的文化背景和语言习惯，从而在写作中避免直接套用汉语的思维模式。

以叙事性文章为例，汉语写作往往采用环绕式的叙事结构，先描述背景信息，然后逐步展开故事情节；英语写作倾向直接进入主题，快速展开故事。在教学过程中，教师可以通过比较这两种不同的叙事风格，指导学生在英语写作中采用直接、焦点化的叙事方式。通过鲜明的对比，学生的跨文化交际意识和英语写作能力可以得到显著提高。

三、英语写作教学的对策

（一）扩大词汇量

词汇是语言的基本单位，词汇量直接影响学生的语言表达能力和理解能力，特别是在写作中，丰富的词汇量不仅能让文本更具表现力和说服力，还能准确传达作者的思想和情感。同样，恰当的选词是写作中不可忽视的因素，它有助于准确地传达信息。

在教学中，词汇量的扩大可以通过多种方式实现。例如，阅读不同类型的文本。这些文本可以包括小说、诗歌、学术论文等。通过广泛阅读，学生可以接触各种各样的词语，从而逐步扩大自己的词汇量。教师可以在课堂上使用一些特定的教学方法，促进学生的词汇学习，如通过词根、词缀的学习帮助学生推断词义，或者通过词语记忆游戏提高学生的记忆力。

在写作中，学生需要对每个词语的含义、用法、语境等方面有深入的理解。这要求学生具备丰富的词汇量，有良好的语感，即能够准确地感知词语运用的特定场景。这要求教师在教学中帮助学生提升语感，让他们能够在实际写作中灵活、准确地选词。

（二）扩大阅读量

阅读是获取新知识、提升语言能力、加深文化理解的重要途径。在阅读的过程中，学生不仅可以接触各种类型的语言表达形式，还可以了解各种不同的观点，从而开阔视野，增强批判性思维。扩大阅读量的方式多种多样。在课堂上，教师可以引导学生阅读各类文章，让学生了解不同风格的文本，掌握不同类型文本的特点，提升学生的语言理解能力和分析能力。除了课堂阅读外，学生还需要在课外投入更多的时间进行自主阅读。自主阅读可以帮助学生更好地理解文本，更深入地理解文本背后的文化含义。这对学生语言能力和跨文化理解能力的提升有很大的帮助。

开阔的视野有助于学生接触多元化的观点，理解和接受不同的文化。一个人的视野决定了他的思维方式和行为方式，开阔的视野有助于培养学生的创新思维和批判性思维。在教学过程中，教师可以引导学生阅读不同文化背景的文本，理解不同文化背景的观点，以此开阔学生的视野。

（三）培养英语思维能力

语言是思维的载体。良好的英语思维能力可以帮助学生更好地理解和掌握英语，使他们在跨文化交流中，准确地理解和表达思想，避免文化差异带来的误解。

英语思维能力的培养是一个系统的、长期的过程。在实际教学中，教师可以通过各种方式来提升学生的英语思维能力。语言是用来交流的工具，通过实际的语言实践，才能真正培养出语言思维。教师可以设计各种语言实践活动，如小组讨论、角色扮演等，让学生在真实的语言环境中使用英语，逐渐培养出英语思维。语言是文化的一部分，没有文化的语言是空洞的。学生文化素养的提高，有助于他们理解英语中的文化内涵，避免在跨文化交流中出现误解。教师可以设计文化教学活动，如讲解英语国家的历史文化、社会风俗等，或者让学生阅读与文化相关的英语文章，从而提升他们的文化素养。思维训练是提高英语思维能力的关键。通过训练，学生的思维逐渐从汉语思维转变为英语思维。思维训练可以通过各种形式进行，如逻辑推理、问题解决等。

（四）听力与写作相结合

听力与写作这两种技能看似各自独立，实际上它们在许多方面是互补的。利用它们的互补性，可以促进学生对英语及其背后文化的理解与掌握。作为接收信息的手段，听力可以为写作提供丰富的素材。例如，当学生听取一段关于某一文化节日的描述时，他们不仅能够学到与节日相关的词语和表达，还可以了解到与之相关的文化背景、历史和传统。这种对内容的深度了解为学生的写作提供了真实、细致的素材，使得他们可以更深入、更有力地描述或议论相关话题。

学生不能完全理解和掌握所听内容，这时，写作便起到了巩固和验证的作用。在听完某项内容后，教师可以要求学生进行写作练习，如概括、描述或评论所听内容，这能够检验他们是否真正理解所听材料，帮助他们加深对相关词语、句型和文化背景的记忆。当他们在写作中遇到困难时，教师可以及时发现和指导。

（五）运用语块教学模式

传统的词汇教学模式常常注重单一的词汇教学，而忽视了词汇在实际语境中的应用。与此相反，语块教学模式强调在实际语境中，多个词语的组合和搭配，这不仅有助于提高学生的英语流利程度，更可以加深学生对目标文化的理解。

语块指的是在实际语境中经常一起出现的固定的词语组合和常用句型。这些语块在语境中的频繁出现，使其成为英语学习中不可或缺的部分。在跨文化视域下，语块教学模式能够体现出英语的文化色彩。例如，对于英语文化中的某些习惯用语，如果单纯从字面意思解读，可能会造成误解，但通过语块教学，教师可以结合文化背景，为学生展现这些习惯用语背后的文化含义和社会背景。

第五节　跨文化视域下英语翻译教学

一、英语翻译教学的实质

翻译教学在构建和发展翻译学作为独立学科的过程中扮演着关键角色。翻译教学的核心是融合多学科知识，形成一个全面的教学体系。由于翻译是一项覆盖广泛学科领域的活动，翻译学的复杂性既体现在语言转换上，又体现在非语言元素的理解和运用上。翻译是一种深层次的思维活动，它既要求学生准确理解语言所传达的信息，又要求学生将其有效地转化为目标语言。在这一过程中，学生需要利用不同学科的基础知识，确保信息的准确传递。此外，翻译还涉及对目标语言结构和表达方式的理解和应用。在翻译实践中，学生必须掌握各种翻译技巧，这些技巧是教师教学和学生学习的有效工具，同时是提升翻译教学效果的关键。翻译教学的目标是培养学生在两种语言之间进行思维转换的能力。通过不断的练习和实践，学生能够提高自己的思维灵活性和创造性，提高翻译效率。

在翻译领域，人们经常混淆"翻译教学"和"教学翻译"这两个概念。很多时候，在外语教学中，翻译常作为一种工具来检验学生对语法规则的掌握程度。许钧和穆雷认为，翻译教学与教学翻译在学科定位、培养目标和教学重点上有显著差异。[①] 翻译教学作为翻译学领域的一个分支，属于应用翻译学的范畴，旨在培养具有专业翻译能力的人才。这一学科要求学生熟练掌握两种语言，即目标语言和母语，深入了解这两种语言的文化背景，同时具备跨学科的知识。翻译教学注重培养学生的翻译素养，丰富其翻译经验，旨在造就熟练运用语言，并理解不同文化背景的人才。教学翻译属于应用语言学的范畴，主要应用于外语教学，其核心是通过翻译促进学生深入了解和运用所学习的语言。这种教学方法不追求翻译水平，以提升外语理解能力和应

① 许钧，穆雷．翻译学概论［M］．南京：译林出版社，2009：36.

用能力为主，其目标是将学生培养成精通外语结构、具备丰富语言知识的语言应用者或理论研究者。

翻译教学的教育目的是让学生打下坚实的双语基础，深入理解本国和外国文化，掌握语言转换的技巧，并了解翻译领域的道德规范和专业知识。需要注意的是，教师应根据教学目标和教学对象，选择合适的教学材料，以提升教学效果，更好地满足学生的学习需求。

二、跨文化交际与翻译的关系

跨文化交际涉及两个或更多的文化体系，其中每个文化体系都有其特有的编码和解码方式。要想实现中西方跨文化交际，必须认识和理解不同的世界观、人生观和价值观，以建立一种跨越文化障碍的共识。此共识有助于实现中西方文化的有效交流，并寻求新的文化和价值标准，从而避免文化冲突。

跨文化交际的可理解性主要依赖人类的共性，包括各种语言的共同点、地区文化的相似性，以及人类共享的感知能力和认知能力。然而，语言和文化的差异和特性在一定程度上阻碍了沟通。这意味着翻译是有局限性的。在翻译过程中，通常会出现一定程度的语言不可译和文化不可译现象。语言不可译主要是因为目标语言中没有与原语言文本相对应的语言形式。这可能是由于原语言中两个或两个以上的语法单位或词语共享一个语言形式；或者原语言词语的多义性没有在目标语言中找到对应形式；或者原语言和目标语言之间的音义关系不同。文化不可译主要是因为原语言文本中与特定文化相关的语境特征在目标语言文化中不存在。例如，作为民族的宝贵精神财富，某个文化负载词语在其他语言文化中很难找到相应的词语，这无疑给翻译带来了巨大的挑战。

跨文化交际翻译的可能性和可理解性已经得到了翻译实践的充分证实。随着国际文化和经济的融合，人类的交往越来越频繁。从翻译技巧的视角看，翻译应紧密地理解原语言的含义，不过度追求字词的精确对应，能够对作者的意图进行理解或引申，从而实现和提高跨文化的可翻译性。

　　自从人类开始通过语言交流思想以来，跨文化交际便开始发生。为了确保这种跨文化交际的正常进行，翻译变得不可或缺。当两个使用不同语言的人相遇时，他们必须依赖翻译进行交流。因此，为了更有效地进行跨语言、跨文化的交流，翻译应运而生。翻译活动的出现推动了跨文化交际活动的发展，最初的族群与族群、民族与民族之间的微观跨文化交际，逐步发展成国家与国家、地区与地区之间的宏观跨文化交际。由此可以看出，跨文化交际的需求推动了翻译活动的产生，而翻译活动反过来推动了跨文化交际的发展。跨文化交际与翻译是相互依存、相互补充的。从某种程度上说，翻译就是跨文化交际，翻译的历史也就是跨文化交际的历史。虽然这种说法可能有些过于绝对，但是其内在逻辑是合理的。

　　作为一种人类实践活动，翻译主要涉及两种语言，这意味着人们需要以相近、等效的方式将一种语言转变为另一种语言。这是在特定的社会语境中进行的，是一种跨语言、跨文化的交流行为。这体现了翻译的跨语言性，也体现了将语言文字、语言知识和文化要素结合在一起的综合艺术性。因此，翻译是一种跨文化性和交际性的语言社会实践活动。它既是一种艺术，也是一门科学。这要求翻译在复杂的文化影响中，坚持自己的认知准则。

　　语言是反映民族文化的镜子，揭示了该民族的文化内涵。如果不理解民族文化，就很难准确地理解语言，从而阻碍交际的顺利进行。翻译是文化交流的工具，帮助人类交流思想、情感，传播文化知识，推动社会文明进步。如今，人们普遍认为翻译不仅是语言转换，更是文化转换。从这个意义上看，语言转换只是翻译的表层，文化信息的传递才是翻译的核心。因此，为了深入、贴切地传达原文的内在信息，翻译必须了解两种语言的文化特点和差异，并恰当地将两种语言的文化内涵"对接"起来，真实地再现原文的面貌。

　　当前，文化研究是一个热门话题。基于文化视角的翻译研究逐渐成为一种趋势。在翻译过程中，文化因素的作用越来越大。翻译研究主要有两个趋势：一是翻译理论交织着交际理论；二是翻译的重点从语言转换逐渐变为文化传达。这两种趋势的结合将翻译视为一种跨文化交际行为。

三、英语翻译教学中跨文化交际意识的重要性

随着世界各地经济与商业互动的加速、科技与现代媒体的不断发展，各种文化的交融和碰撞变得日趋深入和广泛。中国人走出国门，感受世界的多样性，与此同时，外国人越来越喜欢尝试中国的传统活动，如学习汉字、体验中餐、观赏京剧等。这些活动都围绕着语言交流展开。作为文化的映射，语言反映了一个国家的思维模式、价值观和集体心智。在这种背景下，翻译不再是简单的文字置换，而是两种文化的碰撞。因此，在教授翻译技巧时，教师应着重指导学生深化对翻译的理解，强调翻译在促进跨文化交际中的重要性，并努力提高学生在实际翻译中的跨文化理解能力和沟通技巧。

长期以来，英语翻译教学采用教师主导的模式。教师讲授基础的翻译原理和技巧，通过一些实例解释某一种翻译技术，并比较不同的译文。此方法存在一定的局限性，它过度关注句子级别的翻译，这可能导致学生不能很好地理解整体文本。由此可见，文化差异已成为影响学生翻译能力提升的主要因素。因此，在教学过程中，教师不仅应讲解翻译技巧和原理，还应结合各国的不同文化和语言特点，通过实例分析文化背景差异所带来的挑战，强化学生对跨文化差异的认知。

翻译是将一种语言文化中的信息传递到另一种语言文化中的活动，它是跨语言和跨文化的沟通过程。文化交往变得越来越普遍，翻译的重要性日益显现，社会对翻译的需求量随之增加，并提出了更高的要求。为了适应这一变化，翻译人员需要具备专业的翻译能力，以及一定的文化修养和敏锐的洞察力。因此，现代翻译教育应重视培养学生的文化认知，确保他们在跨文化交往中能够准确地理解文化因素。这意味着翻译教育需要重视语言和文化的结合，以培养新的高素质人才，进而助力文化的顺畅交流。

四、英语翻译教学的对策

（一）在英语翻译教学中渗透文化教学

当前，英语翻译教学面临许多挑战。通过实施"5C"教学目标，即交流

（communication）、文化（culture）、关联（connections）、对比（comparisons）和社区（communities），教师可以有效地应对这些挑战。具体来说，这意味着教师需要在英语教学中使用英语进行交流，体验不同的文化，与其他学科建立关联，比较不同的语言和文化特性，并将语言学习应用于多元化的环境中。"5C"教学目标强调在外语学习中增强文化理解的重要性。

因此，在英语翻译教学过程中，教师的首要职责是了解学生的认知能力和知识掌握水平。对于学生的创新思维、实践能力、独立思考能力、判断能力等，教师应予以重视。教师不仅要传授表面的语言知识，还要解释语言知识的丰富内涵，以防止学生的母语思维模式对他们的英语学习造成干扰。同时，教师应着力培养学生处理文化差异的能力，使他们对不同文化表现出敏感性，从而更好地进行跨文化交流。

在教学过程中，教师可以通过实例让学生了解文化背景。例如，教师可以引入具有文化特色的电影、音乐等，帮助学生深入理解目标语言中的文化含义。这样，学生在进行语言实践时，就能够更好地理解语境。教师可以引导学生参与一些模拟的跨文化交际活动，如商务会议等，让学生在实践中学习和理解文化差异。评估体系需要注重学生的跨文化交际能力，评估不应只关注学生的语言知识，而应兼顾他们的跨文化交际能力。例如，教师可以设计一些实践性强的评估任务，如口头报告、项目展示等，让学生有机会展示他们在理解文化、消除文化冲突等方面的能力。这样，评估体系不仅可以检测学生的语言技能，而且可以反映他们的跨文化交际能力，有助于激发学生对文化学习的兴趣，提高他们的学习动力。

（二）加强师生沟通

教师需要与学生建立积极、坦诚的沟通关系。教师需要积极鼓励学生发表自己的观点，表达自己的困惑，创造自由、舒适的学习环境。例如，教师可以定期开展一对一的学习咨询，了解每个学生的学习进度、学习困难及学习需求。教师可以通过使用开放性问题引导学生参与课堂讨论，从而促使学生进行思考，培养他们的批判性思维能力。对于那些有心理压力的学生，教师可以提供更具针对性的学习策略，帮助他们提高学习效率，减轻学习压力。教师引入一些轻松、有趣的学习活动，如角色扮演、小组讨论等，可以使学习过程变得生动有趣，从而缓解学生的心理压力。教师需要关注并尊重学生的文化背景和个人经验。在跨文化交际的过程中，由于文化差异，学生可能遇到一些困惑和挑战。教师需要在理解和尊重学生文化背景的基础上，提供适当的教学策略和教学资源，帮助他们成功地进行跨文化交际。教师要鼓励学生充分利用个人经验，并把它们融入学习中，使学习变得生动和实际。

（三）改革教学方法

教师要采用多元化的教学方法，以满足学生的学习需求。传统的教学方法虽然能够让学生获得大量的知识，但是忽视学生的个体差异和学习需求。因此，教师应尝试融合各种教学方法，如小组讨论、项目学习、情景模拟等，让学生在交际场景中学习和应用语言。例如，通过角色扮演的方式，学生可以模拟真实的交际场景，使自己在实际环境中使用语言，提升文化理解能力和交际能力。教师应重视交际性教学，促进学生语言运用能力的提升。教师应以交际为核心，通过模拟真实的交际场景，让学生在真实的语境中学习和使用语言。同时，教师应引导学生反思自己的语言使用情况，促使他们从中发现并解决问题，以进一步提升他们的语言技能和跨文化交际能力。

（四）强化课外实践

语言学习的复杂性和长期性意味着课堂教学不足以帮助学生实现理想的学习效果，特别是在英语翻译教学中，教师有责任引导学生参与各种课外活动，以增强他们的翻译技能。为了实现这一目标，教师可以采取以下策略。

第一，在校园内营造充满活力的英语学习氛围。教师可以组织各种活动，如英语辩论赛、英语文化节等。这些活动增加了学生接触英语的机会，同时鼓励他们在日常生活中主动接触英语材料，如阅读英语书籍、观看英语影视剧。这种沉浸式的学习方式有助于学生深入了解西方文化，如风俗习惯等，从而提升他们的语言应用能力和跨文化理解能力。

　　第二，通过现代科技，特别是网络平台，创建辅助英语学习的虚拟环境。教师可以通过网络收集并分享与西方国家历史、文化、风俗相关的信息资源，让学生方便地访问和学习这些资料。学校可以与国外高校合作，共同开发和维护英语学习平台，不断更新平台内容，帮助学生在舒适的环境中提高英语水平。

第五章 英语教学多元化手段：个性化、网络多媒体、跨文化传播、自主学习

第一节 个性化教学

一、个性化教学的性质

（一）适应性

个性化教学强调在教育过程中对学生个体差异的充分理解和尊重。教师在设计和实施教学活动时，要考虑学生的学习方式、兴趣、背景知识、学习速度等因素，以提供合适的学习环境和教学内容。这就要求教师充分了解学生的个体差异，针对每个学生的特点进行教学。每个学生都有自己独特的学习方式和学习速度，有的学生可能善于通过视觉信息学习，有的学生可能善于通过听觉或实践学习。每个学生的学习兴趣和背景知识有所不同，这些差异会影响他们的学习效果。教师需要通过观察、测试和沟通，了解他们的学习特点，以便设计出适合他们的教学内容和教学方法。

个性化教学不仅要考虑学生的个体差异，还要考虑他们的学习进程。教师不能期望所有学生都能在同一时间达到同一学习目标，应允许他们根据自己的学习速度和需要进行学习。这就要求教师在教学过程中，根据学生的学习进展调整教学策略和教学速度，时刻关注学生的学习状态，提供适时的反馈和支持。教师应当提供多样化的教学活动（如小组讨论、项目学习、独立研究等）和多元化的评价方式（如学习日志、口头报告、项目展示等），以满足不同学生的学习需求，让每个学生都能找到适合自己的学习方式。

（二）分化性

个性化教学不是为每个学生设计一个完全不同的教学计划，而是调整和改变教学活动，以满足不同学生的需求。教师应通过多种方式评估学生的学习进展，如测试、项目展示等。这样，教师能了解每个学生的学习状况和学习需求，进一步对教学内容、教学过程和教学环境进行调整。个性化教学的目标是为每个学生提供具有挑战性且满足其学习需求的教学环境。这意味着教师需要根据每个学生的能力和需求，设计不同难度和类型的任务，以保证每个学生都能在合适的挑战性环境中学习。这种环境既能激发学生的学习兴趣，又能提高他们的学习效果。

（三）全纳性

学生的学习偏好多种多样，包括理念型学习、经验型学习、创新型学习等。他们可能对理解故事、叙述故事、塑造人物角色等活动感兴趣。课堂作业的形式不是固定的。因此，教师应坚守以下几个信念：首先，尊重学生的天赋和能力，认识到每个学生都有独特的学习方式和学习进度；其次，希望学生持续发展，鼓励他们成长并支持他们的学习过程；再次，给予所有学生在各种层次上形成基础理解技能的机会；最后，为所有学生提供重要的、吸引人的学习任务。

教师需要向学生明确表达，保持与理解的本质是个性化教学的核心。教师应让学生掌握每个学科的基本理念、原则和技巧。教学应以每个学生的个人成长和个体成功为目标。

二、个性化教学的优势

（一）提升学生学习兴趣

这种教学方式强调对学生个性、兴趣和能力的尊重。因此，它能够充分激发学生的学习动力，提高他们的学习兴趣。个性化教学的本质就是通过认识和尊重每个学生的独特性，为他们提供个性化的、有吸引力的学习经验。当学生对学习感兴趣时，他们就更有可能投入更多的精力，从而提高学习效果。个性化教学尊重学生的个性，同时充分考虑他们的学习需求和兴趣，通过提供不同的学习路径和学习方式，让每个学生都能找到适合自己的学习方式。这种方式鼓励学生在舒适的环境中进行自我发现，积极参与学习，从而激发学生的学习兴趣。

（二）创建平等和谐的课堂氛围

在个性化教学环境下，每位学生的观点和想法都会得到尊重。无论学生的能力如何，他们都有发表观点和参与讨论的机会。这种平等的交流环境有助于培养学生的自我价值感和自尊心，进一步提高他们的学习积极性和主动性。个性化教学关注学生之间的互动与协作。在这个过程中，学生可以相互学习、相互启发。同时，这种环境可以培养他们的团队合作能力和沟通能力。在个性化教学中，教师是一个参与者和引导者。教师需要根据每个学生的学习需求和兴趣，设计有趣且有挑战性的学习任务，引导学生进行探索和研究，鼓励他们自由表达自己的观点。这样的课堂氛围不仅可以鼓励学生积极参与学习，更有助于创造开放、友好和包容的学习环境。

（三）培养个性化人才

在个性化教学环境下，每个学生都有机会发展和展示自己的独特才能。例如，对于那些在某个领域中有特殊才能或兴趣的学生，教师可以提供更深入、更具挑战性的学习材料和活动，以帮助他们进一步发展才能。对于那些在某些方面需要额外帮助的学生，教师可以提供适当的支持和资源，以帮助他们改善和提高学习技能。

三、个性化教学的体现

个性化教学主要体现在以下几个方面，如图 5-1 所示。

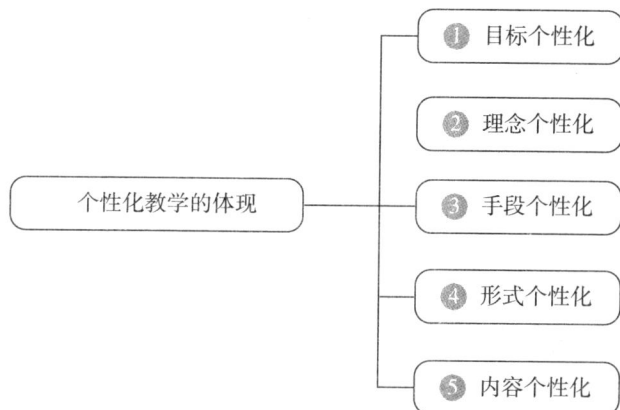

图 5-1　个性化教学的体现

（一）目标个性化

个性化教学的目标不是培养出一批统一标准的学生，而是让每个学生都能展现出自己的独特性，成为活跃而充满创新精神的独立个体。教师深思熟虑每个学生的特点、兴趣和学习目标，最大限度地帮助他们挖掘自身的潜力。在教学过程中，教师会根据教学主题和学生的差异，创新性地设计一系列适合学生发展的教学方法和教学策略，这使得学生可以通过向他人展示的方式理解和掌握教学材料。随着时间的推移，学生会积极主动地寻找与他们自身智力相匹配的学习机会，逐步摆脱传统知识的束缚，最大化地发挥自身作用。

在这个过程中，教学的个性化特质变得越来越显著，学生之间的差异变得越来越大，这提高了学生学习成功的可能性。个性化教学不仅培养了学生的个性，而且增强了他们的学习热情，使他们在面对挑战时展现出自己独特的才华。

（二）理念个性化

理念的个性化是对非标准化教育的追求，注重教学的多元性和独特性，每个学生都有自己独特的天赋。教师不能因为智力差异而忽视或以定型的眼光看待学生。个性化教学的精髓是充分了解和重视每个学生的智力特质，并在可能的范围内发展适合各种智力类型的教学方法。教师的任务不只是教授知识，还包括了解每个学生的背景、学习优势、兴趣爱好等，从而选择符合学生特性的教学方法。

（三）手段个性化

现代科技的进步为教学开启了诸多可能性，为个性化教学提供了坚实的技术支持。这些技术的进步为教学提供了一系列实体工具，包括录音设备、投影设备等，同时涌现出一系列大容量、功能齐全、界面友好的软件和应用系统，如互联网、视频播放软件、多媒体课程制作软件等，这些都为个性化教学提供了便利。教师应当充分运用学校文化资源、本土和社区资源、广播电视媒介、计算机技术、网络技术等，推动个性化教学进一步发展。

（四）形式个性化

激发学生的内在动力，充分发挥学生的潜能，逐步培养学生自主学习的行为模式、习惯、态度和精神，才能使学习达到预期效果。因此，教学形式显得很重要。对学生来说，学习是一种发现和探索的过程。这就意味着教学是个性化的，需要考虑学生的经验、意愿、兴趣、能力、需求等多个因素。教师应汇总和分析学生的需求，然后采取小组教学、一对一辅导、同伴指导、探索式学习、协作学习、自主学习等多种形式，弥补传统教学的不足。

（五）内容个性化

1. 个性的多样性与课程的选择性

每个学生的思维方式、学习方式、兴趣爱好等方面都有独特性。因此，对于相同的教学目标和教学内容，不同的学生可能需要不同的学习途径和学习方式。这就需要教师根据学生的个性特点选择适宜的教学手段，将课程的选择性融入教学过程中，以满足每个学生的特殊需求，最大限度地发挥学生潜能。

教师需要提供多元化的教学内容和教学方式，为学生提供可以自主选择的机会。例如，对于艺术类课程，教师可以提供绘画、雕塑、摄影等不同的子课程，让学生根据自己的兴趣和特长进行选择。在教学方式上，教师可以提供面对面的传统课堂教学，或者提供在线学习、小组合作学习等方式。在教学评估上，教师可以根据学生的学习进度和个性特点，选择合适的评估方式，以评价学生的学习效果。例如，对于注重实践的课程，可以采用项目评估方式；对于注重理论知识的课程，可以采用书面测评方式。这样不仅可以对学生的学习效果进行评价，还可以给予学生更多展现自我、实现个性化发展的机会。

2. 自我的完整性与课程的综合性

自我的完整性意味着将学生的全面发展作为教育的核心目标，这包括学生的知识技能、思维能力、情感态度、社会技能等各方面。多元化的课程可以帮助学生提升自我。例如，在教学中，开设科学、艺术、人文、社会等多种课程，让学生有机会在多元化的知识体系中学习，并通过实践活动、小组讨论等形式，培养学生的合作能力、批判性思维能力等。

课程的综合性要求教师在设计教学内容和教学方式时，尽可能地跨越学科界限，将各学科的知识融合在一起，以形成深入的课程体系，提高学生的学习兴趣，帮助学生在各个领域之间建立知识的联系，培养综合性的思维能力。例如，教师可以设计一些跨学科的项目，让学生在解决实际问题的过程中，运用不同学科的知识和技能。

四、个性化教学模式的建构

（一）建立个性化教学指导组织

个性化教学在高等教育领域的实施需要专门的组织结构，即建立个性化教学指导组织。这种组织的主要任务是推进个性化教学理念、策略、技术在高等教育中的普及与实施，同时确保教学质量的提高和持续改进。

1. 推广和普及教学理念

在高等教育中，个性化教学尚处于探索阶段，教师对个性化教学的理解程度和接受程度参差不齐。因此，个性化教学指导组织需要做的第一件事就是普及个性化教学理念，通过组织专题培训、学术讲座、研讨会等，向教师介绍个性化教学的概念、原则和方法，让教师了解在教学中关注学生个体差异、尊重学生学习风格和兴趣、根据学生能力和需求提供差异化学习支持的重要性。

2. 研究和推广教学策略和教学技术

个性化教学指导组织要负责个性化教学策略和教学技术的研发和推广，通过深入研究学生的学习特点和学习需求，针对不同类型的学生，开发出灵活多样的个性化教学策略，如小组合作学习等，以提高教学效果。利用现代科技手段，研发个性化教学工具和平台，为教师提供教学支持，同时为学生提供个性化的学习体验。例如，基于人工智能和大数据技术，根据学生的学习情况和兴趣推荐合适的学习内容和学习资源，帮助教师更好地了解学生的学习情况，实现更加精准的教学。

3. 保障和提升教学质量

为了确保教学活动的有效性，个性化教学指导组织需要定期对教学活动进行评估和监控，通过收集学生的反馈和评价，发现教学中的问题，及时调整教学策略和教学方法，以提高教学效果；建立严格的教学质量标准和评估体系，确保教学活动的质量和有效性；对教学过程和学习成果进行评估，及时发现问题并采取相应措施，不断提升教学质量；建立完善的反馈机制，收集学生对教学的意见和建议，及时了解学生的学习需求和问题，从而调整教学策略，优化教学过程，提高教学效果。

4. 提供教学服务

个性化教学指导组织应该积极为学生提供多样化的学习资源和学习工具，满足不同学生的学习需求。提供丰富的教学资料、参考书籍、多媒体教学资源等，帮助学生更好地学习；为学生提供学习指导和支持，通过设置学习指导班、辅导课程等方式，帮助学生解决学习中遇到的问题，提高学习效率和学习质量；建立学生支持系统，提供心理咨询服务，帮助学生解决心理问题。

（二）建立个性化校内教师协作团体

不同教师的教学理念和教学方法存在差异，教师协作团体可以提供一个平台，让教师共享、理解个性化教学理念，以促进理念的深入、广泛传播。教师协作团体在研发个性化教学策略和教学工具方面起着关键作用。教师协作团体可以利用成员的专业知识和实践经验，为各类学生设计并实施有效的个性化教学策略。教师协作团体可以与教学工具和教学资源的开发者合作，为学生提供满足其个性化需求的教学支持。

（三）建立个性化校外教师协作团体

这个团体主要是由不同高校的教师组成的，他们会携手推进个性化教学理念和实践的实施，从而提升学生的学习效果。通过加入校外教师协作团体，教师有机会与来自不同背景的其他教师交流，从而获得更多的启发。这有助于深化和拓宽他们对个性化教学的理解、丰富他们的教学策略。这个团体可以提供一个平台，让教师能够相互学习，共享实践成果，并协作研究新的教学方法和教学策略。

校外教师协作团体在推动个性化教学的创新和发展方面起着关键作用，团体成员可以集思广益，研发新的教学策略，共享教学资源，并且不断探索、尝试、评估和完善教学方法和教学工具，以满足学生的个性化需求。团体可以联合开发新的教学工具和教学资源，以支持个性化教学的实施。

第二节 网络多媒体教学

一、网络多媒体教学的优势

随着科学技术的发展，网络多媒体教学逐渐被应用到诸多学科教学中，网络多媒体教学优势非常明显。

（一）课时分配合理，教学节奏控制有效

网络多媒体教学可以实现自我节奏教学，这是传统教学难以做到的。学生可以根据自己的理解程度、学习习惯和时间安排，自行选择学习的节奏和速度，以适合自己的方式进行学习。这种教学方式注重个体差异，尊重学生的学习主体性，有助于激发学生的学习兴趣和积极性。网络多媒体教学可以按照教学目标和学生需求，进行灵活的课时分配和教学进度安排。根据教学内容的难易程度和学生的掌握情况，动态调整教学节奏，可以使教学更具有针对性。此外，网络多媒体教学可以利用丰富的视觉元素和听觉元素，创设生动的教学情景，使教学过程更具吸引力，有助于提高学生的学习效果。网络多媒体教学具有丰富的反馈机制，学生可以通过在线测试、讨论和互动，及时了解自己的学习进度和理解程度，从而对自己的学习进行有效的调整和控制；教师可以通过这种反馈机制，及时了解学生的学习情况，从而对教学方法和教学内容进行调整，确保教学效果。这种教学方式实现了教学过程的透明化和动态化，为教学提供了及时的反馈，进一步提高了教学质量。

（二）教学资源丰富，学习共享度高

这种教学方式突破了地理、时间的限制，使学生可以随时随地学习。此外，网络的普及也为教学提供了丰富的资源。通过网络，教师可以获取世界各地专家学者的最新信息，丰富教学内容，拓宽学生视野。

网络多媒体教学可以共享学习资源。在网络环境下，学生不仅可以随时获取教师发布的最新教学资源，还可以分享自己的学习资源，如笔记、作业、心得体会等。这种共享学习资源的方式有助于构建学习型社群，促进学生之间的互动与交流，提升他们的学习兴趣和学习动力。

二、网络多媒体教学的策略

（一）观看网络视频，促进互动交流

网络视频能提供丰富的视觉体验和听觉体验，为学生提供生动、真实的跨文化学习材料。视频中的语言表达、人物行为、社会环境等都是文化的具体表现，可以帮助学生从多角度理解和感知目标文化，这种方式能激发学生的学习兴趣。网络视频能提供互动交流的平台。一方面，学生可以在观看视频的过程中，进行角色扮演，模仿角色的语言表达，体验角色的文化行为，这增强了学习的互动性和体验性；另一方面，许多视频网站都提供了评论、分享等功能，学生可以通过这些功能，与其他观众分享他们的观后感，讨论他们对视频内容的理解和感受，提高他们的交流能力和文化理解能力。

网络视频在教学中的应用需要教师的指导和管理。教师要选择适合学生水平和需求的视频，安排合理的观看任务，如提问、讨论、报告等，以确保学生能从视频中获取有效的学习内容。教师要引导学生理性地看待视频中的内容，理解视频背后的文化价值观和社会现象。

（二）分析网络文化，寻找跨文化差异

在网络多媒体的辅助下，教师探索出了一种有效的学习策略，即分析网络文化、寻找跨文化差异。网络是全球化的平台，这意味着它容纳了各种各样的文化现象，并为跨文化交流提供了空间。在网络上，学生可以接触不同文化中的信息，并且可以从比较的角度理解和分析这些信息。

网络文化可以提供丰富的语言材料和文化材料，网络上的内容往往包括各种类型的文字、图片、音频和视频，这些内容不仅可以提供多元化的语

言输入，还可以提供多元化的文化输入。例如，通过分析网络上不同文化背景的社交媒体发帖，学生可以了解各种文化的风俗习惯、价值观念等，从而深化他们对目标文化的理解。① 网络文化的分析并不是文化现象的描述，而是文化含义的理解。这种分析过程可以训练学生的批判性思维，培养他们的跨文化敏感性和适应性，使他们能够在不同文化的交流中保持开放和尊重的态度。

在这个过程中，教师需要指导学生有效地获取和筛选网络信息，理性地看待网络内容，以比较的视角理解不同文化；要鼓励学生在分析过程中发表自己的观点，与同伴进行讨论和交流，在实践中发展跨文化能力。

（三）开展网络多媒体教学，培养学习兴趣

与传统的图书相比，网络多媒体能提供多元化的学习资源，如视频、音频等，这些形式生动活泼，能吸引学生的注意力，还能以直观、形象的方式呈现知识，使学生容易理解和记忆知识。网络多媒体的互动性有助于增强学生的学习兴趣。例如，一些学习平台和应用程序提供了各种互动学习的功能，如在线测验等，这些功能可以让学生在学习过程中感受学习的乐趣。在网络环境下，学生可以根据自己的兴趣和需求，选择适合自己的学习资源和学习路径。这种自主的学习方式能培养学生的自主学习能力，激发他们的学习兴趣。教师借助网络多媒体，可以实现个性化教学。例如，教师通过网络平台对学生的学习情况进行跟踪和反馈，可以及时调整教学策略，满足每个学生的学习需求。

基于网络多媒体开展教学并不是一项简单的任务，它需要教师具有一定的技术能力。教师需要深刻理解教学理念，有效地利用网络多媒体资源，设计富有吸引力的网络教学活动，在网络环境下进行有效的教学评估等，以适应网络时代的教学要求。

---

① 聂新元.多元文化背景下跨文化交际课程中思政元素的融入路径研究［J］.吉林广播电视大学学报，2021（5）：13–15.

三、网络多媒体教学的注意事项

（一）教学目标合理化

1. 符合学生学习需求

在现代教育理念中，学生是教学的主体，教学活动的开展应围绕学生的学习需求进行。在跨文化视域下，网络多媒体教学应充分考虑学生的英语水平，针对学生的语言能力，设定合适的教学难度；应充分考虑学生的文化背景，教学目标应当包含学生对目标文化的了解和理解，以便他们能更好地理解和尊重文化差异。

2. 强调文化交际能力的培养

英语教学不仅是语言知识的传授，更是对学生跨文化交际能力的培养。每种文化都有其独特的价值观和思维方式，这在不同语言的表达方式和交际方式中得到体现。在教学过程中，教师应引导学生理解和接纳这些不同的思维方式。跨文化交际能力的培养体现在对于不同文化背景行为习惯的理解和接纳上。行为习惯是文化的一种表现形式，教师应结合实际情况，引导学生理解和接纳不同的行为习惯，培养他们的文化敏感性和适应性。

3. 配合网络多媒体教学方式

网络多媒体教学以其丰富的资源和灵活的教学方式，为学生自主学习能力、创新思维能力、团队合作能力等的培养提供了可能。因此，教学目标应包含对这些能力的培养，教师应结合网络多媒体教学的特性，选择具体的教学策略和教学方法。

（二）教学内容生动化

教师在选择教学内容时，应以学生的日常生活经验为依据。例如，对于热爱观看影片的学生群体，教师可以考虑将英语原声电影纳入教学计划，让学生更直观地接触和理解英语国家的文化。电影是一种能够深度反映民族文化和价值观的艺术形式，通过观看英语原声电影，学生可以学到纯正的英语表达方式，亲身体验西方文化的魅力。文学作品能很好地展示民族文化的发展历程，教师应鼓励学生阅读英美经典文学作品，这不仅可以帮助他们更好地理解西方文化，还可以帮助他们提升语言技能。

在英语教学活动中，教师可以引导学生用英语表达对文学作品的独特理解，并在课堂上设计基于文学作品内容的创作和角色扮演活动。在角色扮演活动中，教师可以使用移动设备记录学生的表演过程，然后通过回放视频，让学生反思自己在英语口语表达和跨文化交流中存在的问题。

（三）教学手段多样化

在某些情况下，传统的教学方法无法有效地展现一些教学内容，无法实现某些教学目标。在这种情况下，教师可以借助多媒体工具，创造虚拟的英语教学环境。在这样的环境中，学生可以依据已经掌握的知识进行仿真实践训练。例如，教师可以利用视听媒体，设计一系列丰富多彩的虚拟英语活动，如模拟英语记者会、商务谈判等，让学生有机会直接接触和使用地道的英语。这种方法符合学生的学习需求，并能有效地激发他们的学习兴趣，从而让学生在真实的语境中深入理解和掌握各种西方文化知识。

模仿是一种非常有效的语言学习方法，教师可以提供一些音频和视频资料，让学生模仿并学习正确的语言发音和表达方式。这种学习方式通常需要学生在课后进行，这实际上是一种自主学习的形式。借助网络，学生可以随时随地学习英语，这大大增强了英语教学的便利性。在传统的教学模式中，英语教学主要是单向的语言知识传输，而在网络环境下，英语教学已经变成了一种语言知识和文化知识的双向交流，学生可以利用网络学习西方文化知识，并将自己在网络上学到的知识反馈给教师，从而丰富教师的教学内容。

教师可以使用多媒体工具进行跨文化英语教学，教学方法多种多样，如欣赏文学作品、观看影视作品等。教学方法必须与多媒体教学工具相结合，这样能最大限度地提高英语跨文化教学的效果，同时有效地提升学生的跨文化交际能力。

第三节　跨文化传播教学

一、跨文化传播教学的文化障碍

（一）表层文化障碍

1. 词语的文化内涵

词语的文化内涵充满了浓厚的民族色彩。每种语言中的词语都随着时间的流逝和社会的演变而变化。同时，由于频繁使用，一些词语逐渐积累了一些关联性，这些都被视为词语的文化内涵。在不同的语言中，词语的文化内涵表现出各种各样的特点。在英汉两种语言中，部分词语有完全对应的关系，而其他词语在局部有对应的解释，其词义或文化内涵并不完全相同。

2. 习惯用语

习惯用语可被视为语言的精髓，是语言的民族形式和各种修辞技巧的集中体现。习惯用语比他语言成分更能体现语言的文化特性。因此，习惯用语就像一面镜子，清晰地反映了语言的文化特色。英语习惯用语不仅包括固定的短语或表达方式，还包括成语、谚语、格言。在交际中，属于两种语言的习惯用语可以分为三种关系类型：完全对应、部分对应和完全不对应。

3. 社会规则

仅凭对语音、语法和词汇的掌握，学习者并不能保证有效的交际。各种文化都有其独特的风格，这在交际中表现为人们遵守的各种非正式的社会规则，这些规则实质上是文化规则，包括民俗、道德标准和法律。

人们通常对母语文化中的社会规则较为了解，对于其他文化的社会规则，人们了解得很少。因此，人们在交往时会产生交际障碍，这是非常自然的。规则的文化差异会在日常交际的各个方面显现出来，包括语言交际和非语言交际。如果学习者在这方面没有经验，他们在实际交际中很可能遭遇失败。充分理解不同文化的社会规则，正确预判来自不同文化背景的人们的行为，才能实现有效的跨文化交际。

无论是从历史、社会角度来看，还是从心理角度来看，跨文化交际障碍都是由文化冲突引发的。在跨文化传播中，有效的传播应包含传播主体、接收者和信息编码三个关键元素。不同语言和文化背景的传播主体和接收者之间存在信息编码的转换，在这个信息编码的转换过程中经常会出现信息意义的丢失或误解。一方面，信息编码会随着时代的变迁而变化；另一方面，传播主体和接收者都是基于自身文化背景编码和解码的。

跨文化交际障碍主要体现为文化休克，这是人们对陌生文化环境的心理反应。当一个人从一个地方迁移到另一个地方时，其熟悉的符号、习俗、行为模式、社会关系、价值观等被另一套不熟悉的系统取代，从而在心理上产生焦虑，情绪不稳定甚至沮丧，严重时可能导致各种心理疾病和生理疾病。

4. 非语言交际

跨文化传播中的重要元素是非语言元素，包括面部表情、接触行为、眼神交流、个人空间、时间概念等。这些非语言元素能够在跨文化交际中传递大量的信息。然而，由于这些元素的含义和理解方式在不同文化中存在很大的差异，非语言交际经常会成为跨文化传播中的一大难题。

在不同的文化中，面部表情有不同的解读。例如，微笑在一种文化中可能被视为友好的表示，而在另一种文化中可能被视为嘲笑或不尊重。同样，直接的眼神接触在一些文化中可能被视为信任和诚实，而在其他文化中可能被视为挑衅。

接触行为、个人空间和时间概念是非语言交际中的重要元素。在一些文化中，人们在交往时会更加倾向使用身体接触，如拥抱或亲吻，而在其他文化中，过多的身体接触可能被视为冒犯。有些文化倾向保持较大的个人空间，而其他文化则持宽松的态度。时间概念在跨文化交际中有很大的影响，一些文化强调时间的精确性和宝贵性，而其他文化对时间有更宽松的看法。

（二）深层文化障碍

1.思维模式

每一种文化都有其独特的认知和解释世界的方式，这种方式深深地影响人们的思维模式、情绪反应及行为方式。人们的思维模式，即习惯以某种方式进行思考和解决问题，是在某种文化环境下塑造出来的。理解思维模式的差异是理解文化差异的关键。例如，东西方文化中的思维模式就存在明显的不同，西方思维模式通常很直接，强调逻辑、分析和个体，而东方思维模式通常倾向整体、和谐的思考。不同的思维模式在交际中可能导致一些难以预见的问题，如解释一个事件或者一种情况时，东西方文化可能有不同的理解方式和解释方式。

思维模式的差异可以体现在具体的交际策略上。例如，西方人倾向直接、开放的表达方式，而东方人则倾向婉转、含蓄的表达方式。这种差异可能导致信息传递效率和准确性的变化，甚至导致交际的冲突和误解。值得注意的是，这种文化差异并不意味着某种思维模式优于另一种，每种思维模式都有其优点和局限性，都是人们在特定文化环境下为了适应生存环境而形成的。理解和接纳思维模式的差异，更好地理解不同的文化，才能有效地进行跨文化交际。

2.价值观

价值观是文化的核心元素，是构成社区成员思维模式和行为方式的基础。价值观的差异表现在很多方面。在决策过程中，不同的价值观可能导致决策者选择和判断的差异。例如，一些文化强调个人自由和独立，而另一些文化强调集体利益与和谐。因此，当一个文化群体的成员在决策时强调个人的权利和自由，而另一个文化群体的成员在决策时考虑集体的利益时，就会导致冲突和误解。

价值观的差异可能影响沟通和理解的过程。例如，一些文化尊重权威和等级，而另一些文化强调平等和个人价值。对于高度尊重权威和等级的文化群体，他们可能更愿意听取权威的观点和指示，而对于强调平等和个人价值的文化群体，他们可能更倾向重视个人的观点和意见。

3. 定势与偏见

定势是指一种群体对另一种群体持有的过度概括和简化的态度。在某些情况下，由于受到大众媒体的影响，人们可能对未曾直接接触过的其他文化产生一种先入为主的印象，这种定势对跨文化交际有着直接的影响。在交流过程中，人们对他人行为的预期往往基于对对方文化的定势。定势的准确度与预测他人行为的准确性有着直接关系。

由于文化的不断变化和文化内部多元化的存在，文化描述难以做到全面、准确。在定势中加入强烈的情绪因素，定势很容易演变为偏见。偏见很可能导致歧视，从而成为跨文化交际的障碍。如果文化意识没有得到充分的唤醒，文化特性的过度强调可能导致学习者以为这些特性就是事实，从而形成偏见，忽视了具体的交际场景和个体差异。

二、文化障碍产生的原因

文化障碍产生的原因可以归纳为以下四点：思维方式差异、价值观差异、人际关系差异和社会习俗差异。其中，思维方式差异和价值观差异在上文已进行详细介绍，以下主要论述人际关系差异和社会习俗差异。

（一）人际关系差异

在不同的文化中，建立和维护人际关系的方式存在着显著的差异，某些文化注重个人的权利和自由，推崇个人主义，而其他文化则将集体利益与和谐置于个人利益之上，强调集体主义。这种差异影响了人们在处理人际关系时的行为和态度，同时影响了他们的交际方式。例如，西方文化往往推崇个人主义，强调自我表达和个性展示，这导致了他们在交际中使用直接、坦率和自我的表达方式，而东方文化通常倾向集体主义，强调和谐、相互尊重，这使得他们在交际中避免冲突，使用婉转和间接的表达方式。

因此，当来自不同文化背景的人们试图建立和维护人际关系时，他们可能面临许多挑战。他们需要理解和适应对方的交际方式，以免造成误解和冲突；需要理解不同的文化价值观，以便更好地理解和接受对方的行为和观点；需要开发适应不同文化环境的交际技巧，以提高跨文化交际能力。

（二）社会习俗差异

每一种文化都有其独特的传统习俗，这些规则塑造了一个社区的生活方式，同时在某种程度上决定了人们的交际方式。东方文化强调尊重年长者，这体现在日常生活中的种种行为上，如在公共场合为年长者让座、聚会时让年长者先行、与年长者交谈时使用尊敬的语言等。西方文化注重平等和个人主义，这种文化背景下的人们可能不理解为尊重年长者而做出的各种"特殊"行为。社会习俗体现在具体的生活习惯中，如饮食、礼貌等方面。在一些文化中，"用手吃饭"被视为正常甚至是礼貌的行为，而在其他文化中，这可能被视为不卫生或不礼貌的行为，这种饮食习惯的差异可能导致误解甚至冲突。

理解和接受这些社会习俗的差异，才能有效地进行跨文化交际。不同的社会习俗代表了不同的价值观和生活方式，要接纳这些差异，尊重和欣赏多元文化。通过了解和体验不同的社会习俗，人们可以更好地理解自己的文化背景，同时拓宽自己的视野。

三、跨文化传播教学的原则

在开展跨文化传播教学时，应当遵循以下几个原则，如图 5-2 所示。

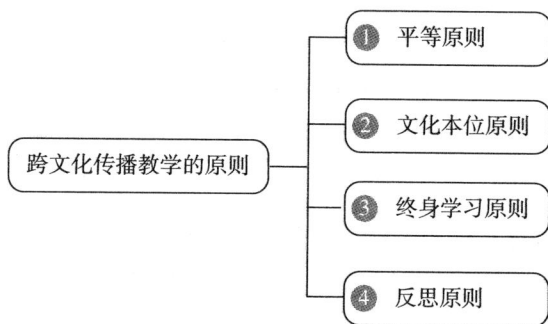

图 5-2　跨文化传播教学的原则

（一）平等原则

在跨文化传播教学过程中，教师有责任向学生明确阐述中西方文化的关系——这两种文化是互相依赖、互相影响的。它们之间没有优劣之别，二者应被视为等价的，任何一种文化都无法压制另一种文化。英语学习涉及西方文化的学习，但这并不意味着西方文化在某种程度上超越了东方文化。为了更有效地与其他国家的人进行沟通，学生有必要掌握西方文化。

文化平等的观念强调，英语学习者既不能对自身文化产生过度的自信，也不能对其他文化无故产生偏见，不能用自身的价值观衡量其他文化。简而言之，跨文化交际的基础就是各种文化之间的平等。这就意味着教师在跨文化传播教学过程中，需要将文化平等的观念传递给每个学生。

中国文化在跨文化交际过程中起到了关键的作用。在教学过程中，教师需要强调中国文化在跨文化交际中的重要性，并激励学生在交际过程中积极传播中国文化。

（二）文化本位原则

提高英语能力的基石是对母语文化的深入理解，这不仅可以帮助学生扎实地掌握英语基础理论知识，同时能提高他们的跨文化交际能力。准确认识和理解自身民族的文化，形成正确的文化视觉，避免盲目模仿或崇拜其他文化，可以避免对文化的误读。

每种文化都有其独特的优势，学生通过学习西方文化和自身民族的文化，可以清晰地了解二者的差异，从而在学习英语的过程中自然而然地考虑文化因素。跨文化传播教学需要坚守文化本位原则，教师需要在教学过程中强调自身民族文化在跨文化交际中的重要性。

对于文化内容的讲授，教师应遵循"以实用为主，以充足为辅"的原则，并对具体内容进行详细讲解，让学生在学习结束后复习所学知识。另外，由于文化内容体系的复杂性，教师在课堂教学中只能传递一部分知识。因此，教师可以鼓励学生在课下观看英语原声电影或阅读西方文学作品。跨文化交际是一个文化平等交流的过程，它既不盲目模仿西方文化，也不忽视本民族文化。

（三）终身学习原则

跨文化交际不是短期就可以掌握的技能，而需要长期的学习和实践。随着社会的发展和文化的演变，各种新的文化现象和观念不断涌现，学生需要始终保持开放的学习态度，不断更新知识。终身学习原则强调学习过程，在跨文化交际学习中，学生要不断试错和反思，逐步提高文化敏感度和交际技能。教师应鼓励学生勇于实践，敢于挑战自我，逐步在交际中提高自身能力。终身学习原则强调自主学习，教师可以提供学习资源和学习方法，引导学生形成良好的学习习惯，让他们在课堂之外持续学习和发展。这样，学生在遇到不同的文化交际场景时，能灵活应对，有效沟通。

（四）反思原则

反思原则要求学生思考自身的文化观念，以及这些观念对自身交际方式的影响。自我反思可以帮助学生理解自身的文化背景，通过自我反思，学生可以逐步认识到自身的文化观念，理解和接受不同的观点。反思原则鼓励学生批判性地审视自己的偏见和刻板印象，偏见和刻板印象是影响跨文化交际的主要因素，学生需要识别并纠正带有偏见的观点，以实现真正的跨文化理解。批判性反思可以帮助学生看到自己对其他文化的误解，并努力消除这些误解。反思原则强调学生在跨文化交际中要不断地学习和改进，每一次交际都是学习的机会，通过反思自己的行为，学生可以不断地改进自己的交际技巧，以适应不断变化的文化环境。此外，教师在教学中也需要引导学生进行反思，帮助他们发现问题和解决问题。

四、跨文化传播教学的对策

（一）改进教学体系

第一，拓宽教学领域，构建"学校、政府、企业"三方协同的教学框架。教师承载着培育学生跨文化交际技巧的重任。一方面，教师要传递西方文化知识；另一方面，教师要强调中国文化在跨文化交际中的关键性。在当今社会，企业要求毕业生除具备扎实的理论知识，还要具备高水平的英语能力。这意味着教师在选择教学内容和教学方式时，不能只关注课程大纲和学生需求，还要参照市场的需求。毕业生会面临就业压力，应提早与企业中的专业人士进行接触和交流，这将对他们的职业生涯有很大的帮助。因此，定期邀请企业中的专业人士给学生上课，分享他们在企业管理中使用的英语知识，能将英语教学与企业文化有效地联系起来。

第二，创建并实施"教学研"一体化系统。在跨文化交际的背景下，教师需要具备相应的知识，并对英语教学进行持续研究，对西方文化和中国文化知识的学习，以及对英语教学弱点的研究，都能推动英语跨文化交际教学的健康发展。

第三，推行"教学做"一体化模式。这种模式强调"做"的环节，这意味着在教学过程中，教师需要以学生的"做"为重点，加大英语实践教学的力度。例如，教师可以采用电影教学法，电影深受学生的喜欢，教师应根据学生兴趣选择教学方法。教师可以根据教学内容，选择一部电影，让学生在明确理解电影剧情和基本表达方式后，进行趣味配音。配音完成后，教师需要对学生的配音结果进行评价，如情感、断句、语气、发音，以便在语言层面对学生的配音成果进行有效的把握。教师在评价学生的配音作品后，可以扩展教学内容，让学生用英语描述他们配音时的感受及对西方文化的理解。

（二）创设对话文化环境

对话文化环境鼓励学生通过交流和讨论提升英语水平。这意味着教室应变得民主化，教师不再是唯一的知识来源，而是引导者和协助者。这种环境尊重每个学生的独特性，鼓励他们分享自己对英语文化的理解，以及对自身文化的独特见解。在这个过程中，学生不仅可以了解到英语文化的多元性，还可以认识到自身文化的价值。

通过学生间的互动和合作学习，加强跨文化交际能力，学生将有机会在小组活动、项目合作、角色扮演等形式中，使用英语与他人交流和协作，从而培养他们的语言实践能力和团队合作精神。这样的环境能让学生在真实的社会场景中使用英语，如通过模拟商务谈判、面试等活动，让学生在实践中了解和掌握跨文化交际技巧。

教师可以利用多媒体和网络资源，让学生接触真实的英语环境和文化背景，如播放英语电影、阅读英语文学作品、邀请英语国家嘉宾参与讨论等。这不仅能丰富学生的语言输入，还能增强他们的文化感知和体验，使他们有机会与外国人交流，提高他们的语言理解能力和交际能力。

（三）利用现代教育技术

现代教育技术的核心是信息技术，借助网络和数字化资源，教师能为学生提供海量的英语学习素材，包括音频、视频、文章等，让学生在接触真实语言的同时，理解背后所承载的文化信息。例如，教师可以引导学生通过网络访问各种英语新闻网站、社交平台、文化博物馆的官方网站等，以获取最新、最真实的文化资讯。

虚拟现实、增强现实等现代教育技术，为英语跨文化传播教学带来了全新的可能。例如，通过虚拟现实技术，学生可以体验到异国文化的生活环境，了解异国文化的生活习俗，这对学生跨文化交际能力的培养有着重要的促进作用。

五、跨文化传播教学的注意事项

（一）正确处理教与学的关系

传统的教学模式往往强调教师的教授角色，学生在学习过程中处于被动接受的状态。随着教育观念的变革和教学技术的进步，现代教学模式开始强调学生的主体性和自主性。在这种模式下，教师扮演着引导者、协助者和辅导者的角色。学生则被赋予更大的学习权利和责任，他们需要通过自主学习和探索获取知识。

在英语跨文化传播教学中，必须处理好教与学的关系，这意味着教师需要充分尊重和发挥学生的主体性，设计出富有挑战性和吸引力的学习任务，激发学生的学习兴趣和学习动力，引导他们主动探索、积极参与。例如，教师可以组织一次虚拟的国际交流活动，让学生通过网络与其他国家的学生交流，了解其他国家的生活和文化。这种活动不仅能提供丰富的英语实践机会，还能让学生深入理解跨文化交际的重要性和复杂性。教师需要关注每个学生的学习进度和学习需求，提供个性化的辅导和支持，如提供学习资源、解答疑问、给予反馈和建议。在这个过程中，教师需要不断地反思和调整自己的教学策略，以更好地适应学生的学习变化。

（二）正确理解教材与教学的关系

教材在教学过程中发挥着重要的作用，优质的教材可以为学生提供系统、科学、丰富的知识体系和学习资源。在英语跨文化传播教学中，教材应当包含基础语言知识和丰富的文化内涵，这能够促进学生思考，培养学生跨文化交际能力。在使用教材的过程中，教师要启发学生思考，引导他们自主探索，帮助他们构建个人知识体系。教师应灵活使用教材，不拘泥于教材的框架和顺序，根据学生的实际情况和教学需要，进行适当的调整和补充。此外，教师还可以利用教材中的内容，设计各种有趣的学习任务和活动，提升学生的学习兴趣和积极性。

教材与教学的配合是一个复杂的过程，涉及课程目标、教学方法、评估方式等多个因素。教师需要在教学过程中，不断地反思和调整教材与教学的关系，确保教材能够真正服务于教学目标，有助于学生的全面发展。例如，教师可以在课后收集学生的反馈信息，了解他们的教材使用情况。

（三）正确处理语言知识与语言技能的关系

语言知识是语言技能发展的基础，包括词汇、语法、句型等内容。教师需要通过多种方法，帮助学生掌握这些基础知识，建立稳定的知识体系。同时，教师应将语言知识与实际语境相结合，使学生在学习语言知识的同时，对语言的使用有深刻的理解。语言技能是语言知识的应用，包括听、说、读、写等技能。教师需要设计各种活动，使学生有机会运用所学的语言知识，实践语言技能。例如，教师可以组织角色扮演、讨论、演讲等活动，让学生在实际的语言环境中运用所学知识，提高语言技能。

教师应处理好语言知识与语言技能的关系，这涉及教学评估方式。传统的教学评估往往侧重评估学生对语言知识的掌握情况。教师在测试学生对语言知识掌握情况的同时，也重视对学生语言技能的考查。例如，教师可以设计各种形式的口语任务和写作任务，考查学生的语言应用能力。

第四节　自主学习

一、自主学习的内涵

自主学习是一种注重个体主动参与、独立思考并承担学习责任的学习模式。它不仅涉及独立获取知识的能力，还包括规划学习、调控学习过程、评估学习效果等方面的能力。对学习者来说，自主学习是一种内驱力，是自我发展和提高的动力。

二、自主学习的特征

自主学习具有创造性、有效性、自主性三大特征，如图 5-3 所示。

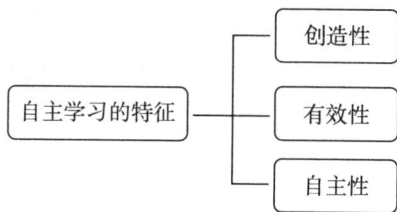

图 5-3　自主学习的特征

（一）创造性

自主学习的创造性特征强调独立思考，它要求学习者挑战现有的知识框架，对所学内容进行深度理解，然后重新构建自己的知识体系。在这样的过程中，学习者需要进行大量的信息整合、关联、演绎和归纳，这些都是提升创新思维能力的关键步骤。

自主学习的创造性特征还表现在学习者对未知领域的自由探索上。学习者可以自由选择感兴趣的学习内容，这无疑会激发学习者的学习热情，使其更愿意投入学习中。同时，自由探索和选择的过程培养了学习者解决问题的能力和创新的能力。

（二）有效性

自主学习强调学习者主动控制自己的学习过程和学习成果，从而提高学习的效率和效果。自主学习的有效性特征表现在增强学习者的动机上。学习者一旦认识到自己的学习过程和学习成果在很大程度上取决于自己的努力，就会更积极地投入学习中，提高学习效率。这种积极的学习态度和行为将提高他们的学习满意度，进一步增强他们的学习动机。每个学习者都有自己独特的学习方式和学习节奏，在自主学习的环境中，学习者可以根据自己的需要和偏好，选择适合自己的学习策略和学习节奏，从而提高学习的效率和效果。

自主学习的有效性还体现在学习者反思能力的提高上。反思是对自己的学习过程和学习成果进行评价的过程，它能帮助学习者更好地理解自己的学习情况，发现问题并找到解决问题的方法。通过反思，学习者可以不断调整自己的学习策略和学习方法，以提高学习的效率和效果。

（三）自主性

第一，自主学习的自主性特征表现为学习者的主动性。在自主学习的模式中，学习者主动参与学习过程，决定学习的方向和节奏。他们需要设置自己的学习目标，并找到实现这些目标的有效方式。这种主动性不仅提高了学习效率，还增强了学习者的学习热情。

第二，自主学习的自主性特征表现在学习者独立思考和解决问题的能力上。学习者需要寻找和评价信息，自我指导和调整自己的学习进程，同时自我评估学习成果。在这个过程中，他们的批判性思维和解决问题的能力得到了提升。因此，自主学习是一种提升个人能力的方式。

三、自主学习的价值

（一）时代价值

1. 知识量的猛增需要人们自主学习

在信息时代，知识量的增长速度超过人们的学习速度。与此同时，知识的更替很迅速。为了适应这种迅速变化的知识环境，自主学习成了一个必要的技能。学习者可以根据自己的需求和目标，选择和掌握新的知识，以满足社会发展和职业发展的需要。自主学习能提高人们的学习效率，使人们在有限的时间内获取和吸收更多的知识。

随着知识量的猛增，单一的知识体系已经无法满足社会的需求，跨学科、综合性的知识成为新的要求。学习者要能够在多领域、多层次上进行知识的选择和学习，以实现知识的综合和跨界。在这个过程中，他们不仅可以获取新的知识，而且可以通过知识的融合，形成自己独特的知识体系，这种独特的知识体系将有助于他们在复杂多变的社会环境中找到自己的位置，以适应社会的发展。

2. 时代的发展需要创新型人才

在知识经济时代，创新能力已经成为个体竞争力的关键。创新型人才具有丰富的知识和高超的技能，以及独立思考问题、发现问题、解决问题的能力。自主学习的过程是一个发现问题、解决问题的过程，是个体不断提高自我认知、探索知识的过程，这一过程对个体创新能力的提高具有重要的作用。通过自主学习，人们可以发现新的知识领域，发现新的问题，从而对问题进行深入研究，寻找新的解决方案。

自主学习可以培养个体的独立精神和坚韧性格。学习者需要独立规划学习路线，独立解决在学习过程中遇到的问题。这种独立性是创新的必要条件。面对困难和挑战，学习者需要有坚韧的性格，坚持到底。这种坚韧的性格也是创新的重要特质。

（二）教育价值

1. 自主学习有利于学生的学习发展

第一，自主学习能够激发和保持学生的学习兴趣。自主学习鼓励学生根据自己的兴趣选择学习内容，自主安排学习时间和学习进度。学生在自主学习过程中能够发现自己的兴趣，找到学习的乐趣，这样可以持久地激发他们的学习热情，提高学习的效果。

第二，自主学习有利于培养学生的学习能力。自主学习要求学生自己发现问题，自己寻找解决问题的方法。这既能够提高学生的问题发现能力，也能够提高学生的问题解决能力。在自主学习过程中，学生需要制订和实施学习计划，进行学习的反思和调整，提高学习计划能力和学习反思能力。这些能力都是现代社会中非常重要的能力，对学生的终身学习有着重要的影响。

第三，自主学习有助于提高学生的学习质量。自主学习让学生在发现问题和解决问题的过程中，进行深层次的思考和理解，这样可以增加学习的深度。自主学习强调让学生在自我规划和自我调整的过程中，进行全面的学习和实践，这样可以增加学习的广度。这种深度和广度的增加有助于提高学生的学习质量。

2. 自主学习是学校教育的必然要求

从教育目标的角度来看，学校教育不仅要传授知识，还要培养学生的自主学习能力。知识的传授只是教育的一部分，真正的教育应该让学生学会学习，学会解决问题，这就需要学生具备自主学习的能力。自主学习让学生养成独立思考、独立探索的习惯，培养主动掌握知识的能力，同时有助于提高学生的创新能力。在自主学习的过程中，学生有机会发现问题，寻找问题的解决方案，这一过程就是创新的过程。

从教育过程的角度来看，自主学习是实现有效教育的重要方式。在自主学习过程中，学生是学习的主体，教师从主导者变为引导者，这种学习模式注重学生的主动性，有利于提高教育效果。教师的角色从"教"的主体转变为"学"的引导，这样既能给学生提供更大的学习空间，又能引导学生在学习过程中发现问题、解决问题。

3. 自主学习有利于学生的个体发展

在自主学习的过程中，学生可以自由选择学习内容和学习方法，这有利于激发他们的学习兴趣和学习热情。他们既可以根据自己的兴趣选择学习的领域，如历史、科学、艺术等，也可以根据自己的学习习惯选择学习的方式，如看书、上网、做实验等。这样，学习就不再是被动接受知识的过程，而变成主动寻求知识的过程，这有利于培养学生的主动性和创造性。自主学习有助于提高学生解决问题的能力。在自主学习的过程中，学生需要独立思考、独立解决问题，这对他们思考能力和解决问题能力的提高非常有利。这两项能力在社会中是非常重要的，它们不仅能帮助学生在学习中取得更好的成绩，而且能帮助他们在将来的工作和生活中更好地解决问题。

四、学生自主学习能力培养的对策

（一）提升教师的跨文化素质，树立正确的观念

教师的跨文化素质高低决定了他们能否有效地引导学生进行跨文化学习，帮助学生克服跨文化学习中的困难，激发学生的自主学习意愿。具备跨文化素质的教师能理解并尊重不同的文化背景，有效地传递跨文化知识，教导学生以批判的眼光看待自己的文化和其他文化，以开放的态度接纳不同的文化。

教师需要树立正确的跨文化教学观念，认识到跨文化教学不单要传授知识，还要培养学生的跨文化交际能力和自主学习能力。这需要教师转变传统的教学观念，从传授知识的主导者转变为学习的引导者。这样，学生能在跨

文化学习中培养出自主学习能力，提高自主学习的效率和效果。为了实现这个目标，教师需要进行持续的自我提升和发展。教师需要不断地学习和研究跨文化知识，提高自己的跨文化素质。同时，教师需要不断地反思自己的教学理念和教学方法，改进教学策略，以更好地满足学生的学习需要。通过这样的方式，教师能真正实现教学的互动，帮助学生在跨文化学习中发展出自主学习的能力。

（二）引导学生进行自主的跨文化英语学习

有效的自主学习引导需要以学生为中心，教师要充分了解学生的学习需求和学习兴趣，创设灵活的学习环境，提供多样化的学习资源，设置实际、生动、有趣的学习任务，使学生能够充分发挥自己的主观能动性，自发地进行学习。鼓励学生主动探索和思考，锻炼他们独立思考和解决问题的能力，培养他们的创新意识和批判性思维，才能提高他们的跨文化交际能力。

在引导学生自主学习的过程中，教师要注重培养学生的自我监控能力，教导他们选定学习目标、规划学习路径、自我评价学习效果、自我调节学习过程，逐渐形成自主、深入的学习方式。教师应定期反馈学习结果，以帮助学生改善自己的学习方法，提高学习效率。

（三）加强学生管理，减少干扰因素

学校应确保学习环境的整洁与安静。舒适、安静的学习环境能够减少外部干扰，使学生专注于学习。为了实现此目标，学校可设置专门的自习区，并通过制定和执行相应的规章制度，如禁止大声喧哗等，保持学习环境的安静。学校应创设鼓励自主学习的氛围，通过开展各种学习活动，如学术讲座、研讨会、辩论比赛等，激发学生的学习兴趣和学习热情。建立一种正向的学习评价机制，如表扬优秀学生、奖励学习进步显著的学生等，以增强学生的学习动力。

此外，学校还需要为学生提供丰富的学习资源，如图书、网络资料、多

媒体教学设备等，以满足他们的学习需求。对于那些在学习中遇到困难的学生，学校应提供必要的学习支持，如提供咨询服务、安排学习技巧讲座等，帮助他们克服学习困难，提高自主学习的效果。

第六章 跨文化交际能力的培养

第一节 跨文化交际能力概述

一、跨文化交际能力的含义

跨文化交际能力涉及文化、交际等多个方面。其中，交际是关键。在英语语境中，交际包含通信、传递、沟通等。在汉语语境中，交际指的是人与人之间的互动。在现代交际学的框架下，交际指的是人们在传递信息时的互动，即通过运用语言或非语言手段交换观点、传达思维、表达情感和需求。交际能力是一种社交技巧，跨文化交际能力则是在具备这种社交能力的前提下，在其他文化背景中进行有效交际的能力。

虽然学术界对交际概念的表述不同，但核心理念是一致的。相较而言，文化的定义较为复杂，各个学科都从各自的研究角度对其进行定义。从文化与交际关系的角度看，文化具有以下几个特性：①文化是可学习的。第二语言的学习是另一语言系统的发展，第二文化的学习是原有文化的拓宽。②文化是一套共享的认知系统。这一特性对文化和交流都很重要，有效的交际是基于主体对事物的共同理解的。③文化影响行为。来自不同文化背景的主体对他人的行为可能产生反感。④文化是一个群体或社区所共有的，一般涉及大的群体。⑤文化是相对的，并无优劣之分。

具体来说，具备跨文化交际能力的人应做到以下几点：①识别出两个群体的冲突区域。②解释冲突的行为。③解决冲突或对无法解决的冲突进行协商。④评估一个解释系统的质量，并根据具有某种文化背景的说话人的信息，建立一个有效的解释系统。

二、跨文化交际能力的内涵

（一）语言能力

语言能力是跨文化交际能力的基础，涵盖特定语言理解和使用的能力。人们通过语言交流思想、感受和信息，实现彼此的理解。在跨文化交际中，语言能力涉及语言的表面结构，如词汇、语法、发音，以及语言的深层含义和文化内涵。语言不仅是一种信息传递工具，更是一种文化载体。语言中的词汇、语法都反映了特定文化的价值观、思维方式、行为习惯和社会规则。语言能力的掌握意味着理解和运用这些文化元素，进行有效的跨文化交际。

在跨文化交际中，语言能力的提升需要通过学习和实践实现。学生要学习语言的基本知识，深入理解和感悟语言的文化内涵。这种语言能力使学生能够准确地表达思想和情感，并能够理解他人的意图和情绪，避免文化冲突，实现真正的跨文化交际。

（二）交际能力

交际能力是个体使用语言或非语言符号传达意见、思想、情感和需求的能力。交际不仅是语言的交流，还是文化、社会、心理等更深层次的交流。语言含义的理解并不能保证交际的成功，理解并尊重对方的文化和社会背景，灵活运用恰当的交际策略，有助于增强交际的效果。在跨文化交际中，提升交际能力的途径有三种：第一，通过学习相关的理论知识，理解文化差异对交际的影响；第二，观察和模仿他人的交际方式；第三，通过实践跨文化交际，积累经验。

（三）跨文化交际能力

跨文化交际能力可以被描绘为在特殊场景中与不同文化背景的人进行妥当、有效沟通所需的素质。

1. 特定的环境

能力通常被理解为一种才干或熟练的行为表现。对能力的评估随着评价准则的改变而变化。在某种环境中被视为有能力的行为，在其他环境中可能被视为无能力的表现。例如，在西方文化环境中，直接的对话方式可能被广泛接受，甚至被视为有能力；在中国文化环境中，直接的言谈方式可能被视为不恰当。因此，任何能力的评价都不能脱离环境。

在某种情况下，某种性格可能对跨文化交际有所助益，但没有哪一种性格能够无障碍地进行所有的跨文化交际活动。任何性格特征都需要在特定的环境中发挥作用。

2. 得体与有效

跨文化交际能力强的人能与其他文化背景的人进行得体、有效的沟通。得体意味着交际行为是合理的、适宜的，符合特定文化、特定交际环境及交际双方关系的要求；有效意味着交际行为达到了预期的结果。有效性关乎交际的结果，而得体性关乎交际的过程。如果交际者能实现交际目的，那么交际基本上就成功了。在达到目的的过程中，不同的人可能采用不同的方式。因此，具备良好交际能力的人不仅需要用得体的方式进行交际，同时需要实现交际的目的。

3. 知识、意识和技能

除了"特定的环境""得体""有效"之外，跨文化交际能力还强调跨文化交际所需的知识、意识和技能。这种交际能力并非与生俱来的，它需要满足一定的前提条件。语言、交际、文化三者的联系非常紧密。语言教学的目标之一就是让学习者运用所学语言知识进行交际，即拥有交际能力，文化影响着语言和交际。因此，理想的语言教学目标是让学习者运用所学语言知识在目标语言的文化环境中进行交际，也就是培养学习者的跨文化交际能力。

跨文化交际能力与交际能力的定义有许多相似之处，但跨文化交际能力在强调交际妥当性和有效性的同时，关注交际者与所处文化环境的联系。与交际能力的定义类似，跨文化交际能力的概念也经历了一些变迁。文化教学的目标从最初的"熟识外国文化"演变为"培养文化意识"，最后变为"提升跨文化交际能力"，三个层次是依次升级的关系。"熟识外国文化"主要指教授关于文化的知识；"培养文化意识"主要指在掌握了一定的文化知识基础上，培养观察文化和对待其他文化的态度；"提升跨文化交际能力"主要指提升实际交往中的行为表现。三个不同的层次恰好对应了跨文化交际的三个方面：知识、意识、技能。

三、跨文化交际能力的功能

（一）培养思维方式

1. 开放观念

跨文化交际能力的发展能够培养人们开放、接纳和尊重差异的思维方式。在跨文化交际中，人们会遇到不同文化间的冲突，这要求人们对不同的文化现象保持开放的心态，接纳并尊重文化差异。开放的思维方式可以帮助人们避免文化冲突带来的负面影响，使人们更好地理解和接纳不同的文化现象。接纳和尊重文化差异是跨文化交际能力的基础，是进行有效跨文化交际的前提。

2. 提高判断力

在跨文化交际中，人们需要在多元文化的背景下，运用自己的知识和理解，对复杂的交际场景进行判断和决策。这种决策过程往往需要人们灵活地运用各种交际策略和交际技巧，处理各种文化间的冲突。在这个过程中，人们的判断力和决策力会得到很大的提高。这有利于人们进行有效的跨文化交际。

3. 强化理解力

在跨文化交际过程中，人们需要尽可能地理解和接纳不同文化的观念和行为方式，避免文化误解导致的交际失败。这需要人们具备良好的同理心，能够站在他人的角度看问题，理解和接纳他人的观念和行为方式。这种理解和接纳的能力可以帮助人们在跨文化交际中取得成功。

4. 促进创新思维

在跨文化交际过程中，人们常常需要选择创新的方式来处理文化差异和冲突，这种对新事物的追求和探索，可以激发人们的创新思维，帮助人们灵活地应对新的挑战和问题。这种创新思维对个人发展和社会进步都是非常重要的。

（二）促进国际合作与发展

在经济、政治、教育、科技等领域，跨文化交际是国际合作与发展的重要媒介。在全球化的经济体系中，企业和组织需要与来自不同文化背景的合作伙伴进行交流，以实现资源共享、市场扩大和技术创新。例如，跨国公司在进入新市场前，需要了解当地的文化特点和消费者行为，以便更好地适应市场，满足客户需求。在国际政治舞台上，跨文化交际对国际关系的处理、全球性问题的解决、和平与安全的推动具有重要作用。通过理解不同国家的文化背景和政治背景，国际组织和政府能够有效地进行外交谈判和解决问题。同样，在教育、科技领域，跨文化交际有助于知识、技术的传播和交流，促进全球范围内的学术合作和科技创新。

（三）促进个人成长

在跨文化交流中，人们必须学会适应各种不同的社交规范和文化习惯，这种适应包括语言的理解和表达、非语言沟通（如肢体语言、面部表情等）。适应能力的提升使人们能够灵活地应对多变的国际环境。

在多元文化环境中，人们学会与不同文化背景的人有效合作，同时提高了自身解决问题的能力。跨文化交际有时导致误解，通过这些经历，人们能够学习在不同的文化视角下寻求共识，找到解决问题的方法。人们的视野不断拓展，这种全球视角使人们更好地理解国际事件，同时有助于人们在思考问题时超越地域限制，客观地考虑问题。

第二节　高校教师跨文化交际能力的培养

一、教师跨文化意识的培养

第一，认识自我。简单来说，教师应认识到他们的文化背景与课堂教学的关系。教师应自我反思：自己有哪些长处和短处？如何利用自己的长处弥补短处？自己有没有种族或性别偏见？这些偏见体现在哪些方面？种族和身份是否对教学产生影响？应该获取什么新知识和新经验？

第二，了解学生的文化背景。教师需要了解学生文化中的教育构成，该文化倾向的学习方式、语言规则、非语言行为、性别角色的期望等。虽然了解这些信息会增加教师的负担，但是这些信息有助于教师提高课堂教学效率。

第三，评估学生的文化适应度。这可以帮助教师理解学生融入自身文化和异国文化的程度。教师可以使用一系列测量工具，如墨西哥裔美国人文化适应性量表、亚裔美国人文化适应性自我认同量表。教师可以通过日常的观察判断学生的文化适应度，如社交圈子、衣着风格、节日活动等。通过交谈和了解学生的文化背景，教师可以评估学生的文化适应度。

第四，保持开放式对话。教师和学生可以就学习方式、沟通模式和期望进行讨论和协商，在学习内容和学生偏好的学习方法之间建立联系。师生可以通过对话，达成共识并形成共同的交流规则。

第五，具备移情能力。具备移情能力的教师能够理解学生的感受和需求，设身处地为学生着想。教师需要理解学生文化背景，并基于学生文化适应度的评估，以文化敏感的方式回应学生的需求。教师应对来自不同文化背景的学生表现出同理心，并做出积极的回应，这将为学生树立良好的榜样，使学生学会宽容和跨文化移情。

二、教师跨文化移情能力的培养

教师跨文化移情能力的培养，可以从以下五个方面入手，如图 6-1 所示。

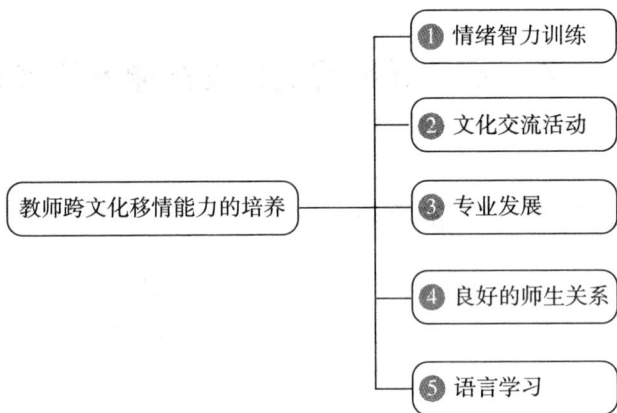

图 6-1　教师跨文化移情能力的培养

（一）情绪智力训练

情绪智力训练可以帮助教师更好地理解和感知他人的情绪，包括学生在学习中的情绪变化。教师能够通过细微的情绪变化，了解学生的学习状态和学习需求，从而更有针对性地开展教学工作。在教学过程中，教师可能面临各种挑战和压力，如学生学习效果不理想、教学计划紧张等，情绪智力训练使教师能够更好地控制和调节自己的情绪，避免情绪波动对教学产生负面影响。情绪智力训练有助于培养教师的同理心，教师通过情绪智力训练能够更深入地理解学生的感受和需要，能够站在学生的立场思考问题，更好地满足学生的学习需求。同理心让教师更加关注学生的成长和发展，并采取适当的教学方法和策略，帮助学生取得更好的学习成绩。

（二）文化交流活动

参与文化交流活动是教师提升跨文化移情能力的重要途径。在这些活动中，教师可以亲身感受不同文化之间的差异。通过与他人交流、合作和互动，教师能够深入了解其他文化的思维方式、价值观和生活习惯，从而打破对陌生文化的刻板印象，拓宽自己的视野，增强对文化多样性的认知和理解。教师需要具备处理文化冲突的能力，要学会妥善解决文化差异带来的问题，避免文化冲突对教学效果产生影响。除了参与实地文化交流活动，教师还可以通过阅读跨文化交际相关的书籍，了解不同文化的历史和背景，掌握跨文化交际的理论知识和方法。这样的学习和了解也是教师提高跨文化移情能力的重要手段。

（三）专业发展

专业发展为教师提供了系统的跨文化教育方面的知识，教师可以通过学习掌握跨文化教育方面的理论，了解不同文化之间的差异和联系，以及在教学中可能出现的跨文化交际问题。这些能够帮助教师更好地认识和理解学生，为学生提供个性化的教学服务，增强教学的有效性和针对性。教师可以通过专业发展学习如何在跨文化教学中创造积极的学习氛围，激发学生的学习热情，调动他们的学习动力；学习运用不同的教学方法和教学资源，满足学生不同的学习需求，提升教学的灵活性和多样性。

专业发展为教师提供了交流平台，教师可以与来自不同地区的同行进行交流和互动，分享彼此的教学经验和心得体会。这种交流和合作能够激发教师的创新意识，启发他们寻求解决问题的新方法和新途径，从而推动跨文化教学的不断创新和发展。

（四）良好的师生关系

建立良好的师生关系是教师提升跨文化移情能力的关键。教师应以开放的心态对待学生，尊重他们的文化背景和个体差异，认识到每个学生都是独一无二的个体，有着不同的价值观、生活习惯和学习方式。通过认真倾听学生的意见和反馈，教师可以更好地理解学生的需要和期望，更有针对性地进行教学设计。

教师不仅要关心学生的学业成绩，还要关注他们的心理状态和情感体验。在跨文化教学中，学生可能面临适应困难、文化冲突等问题，教师应提供必要的情感支持和引导，帮助学生逐渐适应新的学习环境和文化背景。通过关心学生的情感需求，教师可以深入地了解学生，提高跨文化移情能力，更好地满足学生的学习需求。

（五）语言学习

语言学习可以使教师深入地了解其他文化的语境和文化内涵。每种语言都有其独特的表达方式，这反映了该语言所属文化的特点和价值观。通过学习其他语言，教师能更好地理解其他文化的思维方式和价值观，进而在跨文化交流中更具敏感性和适应性。语言学习有助于教师拓宽视野，增强对多元文化的理解。不同的语言蕴含着不同的文化背景，通过学习其他语言，教师可以了解不同文化之间的差异和联系，理解世界各地的文化，从而更好地应对跨文化交流和教学。

三、教师文化领导力的培养

（一）教师文化领导力的基本内涵

领导力是一个复杂而深远的概念。它涵盖一系列能力，在不同的文化、环境和场景中，领导力的表现形式有所不同。决策力是领导力的核心，领导者需要在复杂的环境中做出明智的决策，以实现团队或组织的目标，这需要领导者快速理解和精确分析各种信息。情绪智力是领导力的重要组成部分，领导者需要理解、管理自己和他人的情绪，创建积极的工作环境，激发团队成员的潜力。思维创新和战略规划是领导力的必要条件，在快速变化的世界中，领导者需要具备开放的思维，以适应新的挑战和机遇。领导者需要具备长远的眼光，规划和实施有效的战略，以实现团队或组织的目标。

教师领导力是教师在教学过程中展现的一种特殊的能力和素质，它体现在教师的教学行为、教学策略、教学目标设定等方面。作为一种专业领导力，教师领导力具有广泛的意义。它影响教师的教学效果，通过有力的领导，教师能更好地推进教学进程，提升学生的学习效率；它关系到学生的个人发展，好的教师领导力能帮助学生建立积极的学习态度，培养学生独立思考和自我管理的能力；它有利于学校文化的建设和传承，教师是学校文化的传播者和实践者，教师领导力对良好环境的营造起着至关重要的作用。教师领导力是多元化的，它涵盖诸多方面的素质和能力：①专业能力。教师需要有扎实的学科知识和教学技能，从而准确地指导学生学习，解答学生的疑问。②人际交往能力。优秀的教师需要与学生建立良好的关系，尊重学生的个性，热情并公正地对待每一个学生。③决策能力。教师需要在教学过程中做出合理的决策，如设计教学内容、安排教学活动等。④创新能力。教师需要有创新精神，根据教学环境和学生情况灵活变通，寻找新的教学方法。

教师文化领导力的基本内涵包含两个方面：一方面是教师在文化层面的洞察力和影响力，另一方面是教师的认知模式、智能模式和思维模式。[1] 这种领导力通常表现在教师的领导理念和思考能力上。教师文化领导力是一个系统，它涵盖教师的价值取向、思想观念、心理状态等方面。教师的价值取向决定了教师对教学活动目的和意义的基本理解，它直接反映教学活动的价值选择、价值关系和效果。教师的思想观念是教师对教学活动、教学制度、教学关系，以及教师在教育系统和教育过程中的地位和作用的基本理解。教师的心理状态是教师对教学动机、教学情感、教学态度、教学信念等方面的认识。

（二）教师文化领导力的影响因素

1. 知识教育

知识教育包括语言知识、教学方法理论、课堂管理策略等，掌握了这些知识的教师能够充分理解和适应不同的教学情景，有效地进行教学设计，从而实现教学目标。丰富的知识储备使教师能够从容应对各种教学挑战，提高

---

[1] 宏杰. 基于跨文化交际理论的高校英语教学创新探究［M］. 北京：新华出版社，2021：56.

教学效果，并在学生心中树立权威的形象。

随着教育理念的不断更新，教师需要持续地学习新的知识，以便适应教育环境的变化。这需要教师有较强的学习动力和自主学习能力，知识的更新和深化可以促使教师的教学理念和教学方法与时俱进，教师能够更好地引导学生学习。

知识教育影响教师文化领导力，教师的知识储备和知识更新能力影响其地位，教师的知识丰富程度与其影响力直接相关。此外，对教师来说，知识教育是其实现自我价值的重要途径，这种从知识教育中得来的自我成长和自我实现会进一步提升教师的文化领导力，使其在教学过程中更加自信、从容，更有力量引导和激励学生。

2. 评价机制

一方面，公正、公平的评价机制能够给予教师充分的工作回馈，使其得到应有的认可，进而增强自信心，提升文化领导力。评价机制可以为教师提供清晰的工作目标和明确的成果期待，使其有方向地提升自己的教学技能和专业素养，从而提升文化领导力。另一方面，教师的文化领导力会受到评价机制中各种因素的影响。例如，如果评价机制过于注重学生的短期成绩，而忽视学生的全面发展和长期学习效果，那么教师可能在教学中过度追求短期的教学效果，而忽视教学的长远性和全面性。因此，合理的评价机制既要考虑学生的短期学习效果，也要充分关注学生的长期发展。

通过评价反馈，教师可以了解自己在教学过程中的优点和不足，及时调整教学策略，提高教学效果，从而增强自己的文化领导力。良好的评价机制可以营造出正向的教学氛围，增强教师的工作满意度和教学动力，促使教师更加积极地投入教学工作，以更高的热情和更大的决心引导和影响学生。

四、教师跨文化交际能力提升的对策

（一）提升专业教学能力

1. 专业引领

专业引领是关键，教师应不断提高自身的教学水平，掌握最新的教学方法和教学理论，如参加专业培训、学术研讨会等。在教学过程中，教师应根据学生的文化背景和学习特点，灵活运用不同的教学方法，使学生理解和掌握英语知识。教师应积极借鉴国内外先进的教学经验，不断优化教学内容和教学手段，提高自己的教学效果。

2. 教学实践

理论知识通过教学实践才能变得生动和有意义，教师在教学实践中可以深入了解教学理论，反思和修正自己的教学方法，从而提升教学能力。更重要的是，教学实践为教师提供了一个理解和感受不同文化的机会，在这个过程中，教师不仅要传授语言知识，还要引导学生理解和尊重不同的文化价值观和生活方式。这对教师自身的跨文化交际能力提出了更高的要求。

教师需要关注并深入了解不同文化背景下的英语使用情况，通过各种渠道获取和更新跨文化交际的知识和信息；教师需要将跨文化交际的内容和技巧融入日常教学中，通过举例、讲解、模拟等方式让学生在实际的语境中理解和掌握语言知识；教师需要鼓励学生参与语言实践，让他们在实际交流中感受和体验跨文化交际。

3. 校企合作

对于校企合作的探究，先要明确"校"与"企"的定义。"校"指学校，"企"指企业。因此，"校企合作"指学校与企业之间的协同工作。在教育领域中，校企合作模式揭示了教育行为、改革发展等内容。学校是社会的缩影，教育是生活经验的积累。因此，校企合作模式是学校与企业为了实现各自的目标而构建的一种合作共享关系。这种合作共享关系旨在实现产品研发、技术创新、教育培养、学生培训、社会服务等目标。在教师的发展视角下，校企合作模式包含两个核心理念：①教师教学能力的提升应从系统性和全局性的角度出发，以实现整体的教学改革。②为了确保教师真正达到教学能力的提升，必须为他们提供开放、自然的生态环境。

综上所述，可以得到如图 6-2 所示的校企合作模式。

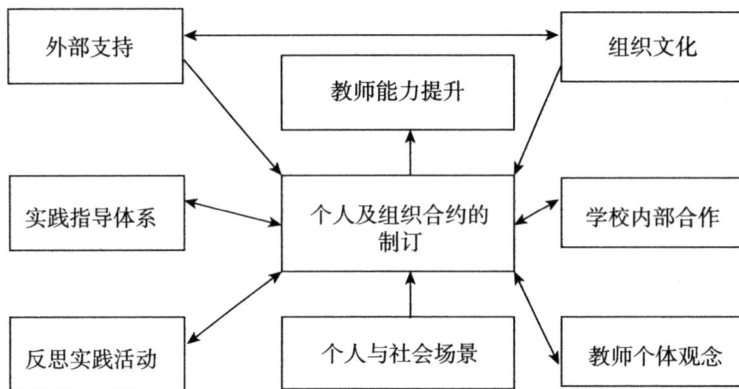

图 6-2　校企合作模式

为了促进校企合作，学校和企业需要建立高素质的专业教师队伍，这可以从以下两个方面入手：①教师深入企业，亲身实践。通过在企业中的亲身体验，教师可以更深入地了解企业文化，树立正确的企业观和市场观，从而更好地明确自己的教学目标，提高自己的教学水平。②企业的高级员工前往学校进行讲学。这样的交流有助于教师了解企业的最新发展和需求，提高教师的专业水平和实践能力，最终实现师资共建，推动校企合作取得更好的成效。通过这样的方式，学校和企业可以共同努力，构建符合要求的高素质专业教师队伍，推动校企合作向更深层次发展。

4.师生合作

（1）构筑民主的师生关系。这一关系的核心是教师与学生之间的互动不是单向的，而是双向的。教师不仅是教学的主导者，更是学生思考的引导者；学生是学习的接受者，同时是教学活动的参与者。建立民主的师生关系，就要尊重学生的主体性，充分认识到每个学生都是独立的思考者和学习者，每个学生都有独特的生活经验、学习方式和理解能力。教师应该鼓励学生积极参与教学活动，表达自己的看法，从而形成互动的教学环境。教师需要不断反思自己的教学方式和教学态度，以适应学生的多样性和变化性。教师应倾听学生的声音，理解他们的需求和困惑，以便更好地指导他们的学习。在这一环境中，教师与学生可以在平等、尊重的基础上进行交流和互动。

（2）构筑合作化情景。在构筑合作化情境的过程中，教师和学生共同承担责任，参与教学活动的设计、实施和反思。这种情景将学生置于现实的、复杂的、有意义的语境中，让他们在实际的语言使用中寻找解决问题的办法，提升语言技能和跨文化交际能力。教师要扮演好导游和协作者的角色，为学生提供必要的帮助，引导他们观察、分析、反思和解决问题。教师应根据学生的学习需求和教学目标，灵活设计教学活动，为学生创设丰富的学习场景，鼓励学生积极参与、主动探索。

（3）构筑师生合作的共同愿景。教师需要制定清晰、具体的学习目标，并与学生进行有效的沟通，使其明白这些目标对个人发展的重要性。教师应鼓励学生积极参与目标的制定，从而增强他们的学习动力和责任感；教师应积极倾听学生的需求和期待，以保证愿景的实际性和可行性，通过了解学生的兴趣、期待，创建有针对性的教学氛围，以满足学生的个别需求。

5. 同伴观摩

同伴观摩可以为教师提供一个实地学习的平台，使他们有机会直接观察和了解其他教师引导不同文化背景学生学习的方式，这能够帮助他们更好地理解不同文化背景学生的学习风格和学习习惯，促使他们探索新的教学方法和教学策略。观察其他教师的表现，这有助于教师反思自己的教学方法，从而提高教学质量。教师可以在观摩后与同伴进行深入讨论，分享心得体会，共同提高教学能力。

（二）提升自身文化素养

提升自身文化素养的重要途径是深入研究和理解不同的文化背景，如历史、艺术、文学、宗教、社会习俗等方面。教师可以通过阅读、旅行、观察、交谈等多种方式增进自己对不同文化的理解。通过研究和理解文化背景，教师可以更好地理解学生的学习需求，并设计出符合学生需求的教学方法。

此外，自身文化素养的提升还可以通过跨文化交际技巧的培养实现。这意味着教师需要尊重和欣赏不同的文化，倾听和理解他人的观点，灵活地调整自己的教学策略，以适应不同的学习风格。这些技巧可以帮助教师在教学过程中更好地处理文化差异，从而更有效地推动学生的学习进步。

（三）提升多元文化教育能力

1. 理解族群文化

教师应对各种族群的文化有深入的理解，同时具备在跨文化环境中沟通和互动的能力。教师要成为多元文化教育的推动者，努力掌握多元文化知识和技能，培养出具有全球视野和跨文化交际能力的学生。这要求教师具备开放和包容的态度，尊重并欣赏不同的文化，理解他人的观点和想法。

2. 因材施教

学生来自不同的文化背景，有着各自独特的认知方式、学习风格和价值观。教师需要根据学生的这些特点，调整教学策略，采取合适的教学方法，让每个学生都能在各自的文化背景和学习方式下获得最好的学习效果。除此之外，教师还要利用文化差异，创造富有挑战性和启发性的教学情景，激发学生的学习兴趣。教师要培养学生的批判性思维和自主学习能力，帮助他们在掌握英语知识的同时，提升自身的跨文化交际能力。

第三节　高校学生跨文化交际能力的培养

一、学生跨文化交际能力培养的必要性

学生跨文化交际能力培养的必要性主要体现在四个方面，如图6-3所示。

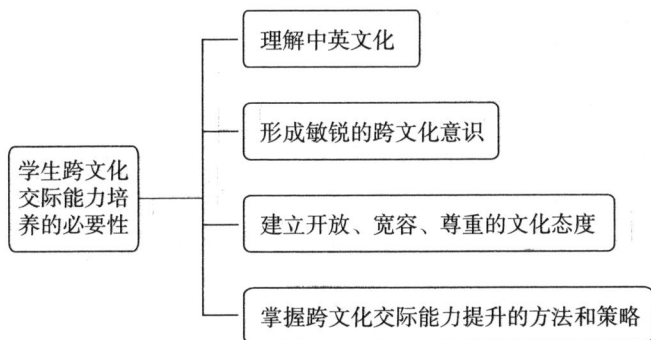

图6-3　学生跨文化交际能力培养的必要性

（一）理解中英文化

对于本民族的文化，尤其是价值理念、信仰、态度、行为习惯等方面，个体通常不假思索地接受和遵循。英语文化的引入帮助个体打破固有的认知边界，挖掘那些被无意忽略的文化元素。通过学习跨文化交际知识、参与跨文化的交流和比较，学生能深入地洞察自身文化的独特性。为了确保跨文化交际的顺利进行，学生需要深入理解中国文化的内在特质。通过对跨文化交际的学习，学生可以深入地掌握中国文化的精髓。

中国和英国的历史文化深厚，然而由于地理环境、社会现实、宗教信仰、风俗习惯等方面的影响，两国文化存在着显著的差异。因此，学生可以通过学习跨文化交际知识，提升自身的跨文化交际能力，深度理解英语文化。

121

（二）形成敏锐的跨文化意识

对学生而言，跨文化交际的学习旅程本身就构成了一次跨文化的经历。出色的学习者需要拥有敏锐的跨文化认知和开阔的视野。观点和行为常常是特定文化环境中的产物，因此，学生需要理解不同文化的特征，特别是英语文化的特征。拥有敏锐跨文化认知的学生能正确地解读文化差异，以恰当和有效的方式与不同文化背景的人沟通交流，从而优雅地处理跨文化交际中的矛盾。

提升教师的文化认知和文化修养，增加教师的文化体验，这是培养学生跨文化交际能力的基石和前提。在市场需求的驱动下，英语人才的培养模式发生了显著变化，这对高校英语教学改革提出了更高的要求，尤其是在教师的专业素养和文化素养方面。

英语人才培养模式的改变不仅体现在高校具体的执行策略上，还体现在高校教育理念的转变上。对英语教学来说，教师观念的转变是英语跨文化教学的基础。显然，传统的教学理念已无法适应新时代英语教学的需求，教师和学生观念的转变变得至关重要。因此，要加强教师培训，增强教师对文化教学的认知，培养教师教学反思和课堂教学研究的能力。对高校来说，定期派遣专业教师去国外深造，以提升他们的语言技能和文化素养，这是较为理想的提升教师文化素养的方式。高校需要打破传统英语教学的束缚，积极引导和鼓励教师进行跨文化领域的教学改革研究。在高校的全力支持和教师的不懈努力下，新时代的英语教学会焕发出璀璨的光辉。

（三）建立开放、宽容、尊重的文化态度

开放的文化态度意味着接受和理解不同的文化，保持开放的心态，接受新的观点和想法。在跨文化交际中，开放的文化态度能够帮助学生接纳并理解不同文化的人群，从而使学生更好地进行交流和合作。

宽容的文化态度有助于学生理解和接纳他人的文化，即使这些文化与自己的文化存在差异。在跨文化交际中，学生会遇到很多与自己的文化背景、价值观念不同的情况，宽容的文化态度能帮助学生超越自我，以包容的心态对待他人的文化，从而实现有效的交流。

尊重的文化态度有助于学生在跨文化交际中尊重他人的文化和价值观。尊重他人的文化就是尊重他人的身份。每种文化都有其独特性，每个人都有其独特的价值观和生活方式，这就需要学生尊重并接纳文化差异。

（四）掌握跨文化交际能力提升的方法和策略

英语学习的核心目标是发展跨文化交际能力，语言和文化紧密联系，英语教育与文化教育同步进行，跨文化交际知识为英语学习者提供了一种同时学习语言和文化的方法。同时进行语言和文化的学习，这可以增强学生对英语学习的兴趣，有助于学生提升跨文化交际技巧。此外，体验型学习方法为英语教学提供了新的视角和参考。

二、学生跨文化交际能力培养的对策

（一）培养跨文化敏觉力

1. 提升文化认同感

首先，重视本土文化教育，这对学生文化自豪感的树立至关重要。高校可以通过开设与本国文化、历史、艺术、哲学相关的课程，增强学生对自身文化的理解和欣赏。这有助于学生对本土文化形成深厚的感情，并在全球化背景下维护和传播本国文化。例如，通过学习中国的传统节日、文学作品或历史事件，学生可以深入了解自己的文化根源，从而在面对外来文化影响时做出明智、坚定的反应。其次，学校应鼓励学生参与文化交流活动和实地考察活动，以增强他们的文化自觉性。通过组织各类文化节、讲座或国际交流项目，学生有机会展示自己的文化，同时可以从中学习尊重和理解其他文化。这种互动和体验有助于学生建立跨文化的理解能力和沟通能力，强化他们对自身文化的认同。例如，学生可以参与本土文化节，展示传统服饰、美食或表演艺术，这些活动既展示了本土文化的丰富性和独特性，也让学生在实际操作中感受本土文化的魅力和深度。

2.培养文化敏感度

学生需要学会在不同文化背景下辨识和理解复杂问题，这涉及对文化多样性的理解和尊重，以及对文化偏见的敏锐洞察力。例如，在课堂讨论或相关课程中，教师可以引导学生分析不同的文化观点，或者探讨文化偏见。这种批判性思维的培养有助于学生在遇到文化歧视时，理性、深入地分析问题，从而做出合理的反应和评估。

学生应该对文化偏见有一定的敏感度，以便在面对文化侵犯时做出合理的反应。通过参与模拟文化冲突场景的角色扮演活动等，学生能学习在多元文化环境中有效地沟通，同时培养出在遇到文化冲突时采取恰当行动的能力。学生可以学习识别文化歧视，或在模拟活动中体验和理解文化偏见的影响，以便在实际生活中应对文化多样性带来的挑战。

3.增强跨文化敏觉力

在全球化背景下，学生需要学会在跨文化环境中有效地表达自己的文化观点，理解并尊重不同的文化观点。学校可以通过模拟演练或角色扮演的方式，让学生体验不同文化背景下的沟通场景，帮助他们认识到文化多样性可能带来的沟通障碍和误解，并学习克服这些障碍。此外，当学生面临文化偏见或歧视时，跨文化敏觉力训练能使他们自信地应对这些挑战。高校可以通过讨论会的形式，让学生了解不同文化背景下冲突的解决策略，教导他们在面对文化侵犯或歧视时要采取恰当的应对措施。这可以增强学生的跨文化敏觉力，同时有助于强化他们在全球化世界中的适应能力和协调能力。

（二）培养跨文化行为能力

1.跨文化交际角色扮演

跨文化交际角色扮演是一种活动，其目标是帮助学生更好地理解实际生活中的跨文化交际情景。这些情景可能包括商务谈判、聚会、面试等，涵盖各个生活领域。通过角色扮演，学生可以在安全的环境中尝试和练习各种交际策略和交际技巧。此外，学生能深入地理解不同文化中的非语言行为，如肢体语言、面部表情、眼神接触等。教师需要设计具有挑战性的情景，以提高学生的跨文化交际技巧。例如，学生可能需要在多元文化环境下扮演团队合作角色，解决团队内出现的冲突和问题。这类情景将使学生使用所学语言知识和文化知识，创新地思考和解决问题。

此类活动的设置需要详细考虑文化背景的差异性。例如，在设计面试的角色扮演活动时，教师需要解释清楚在不同文化背景下面试过程中可能出现的各种行为，包括问答方式、肢体语言、穿着打扮等。通过比较和模仿，学生可以深刻地理解跨文化交际知识。

跨文化交际角色扮演可以提供一个很好的反馈机制。教师可以观察学生在角色扮演中的行为，以便帮助他们调整和改进交际策略。学生可以通过观察其他同学的表演，反思自己的行为，更好地理解跨文化交际中的规则和习俗。

2. 跨文化交际互动实践

跨文化交际互动实践可以通过实际的交流和互动活动进行，如面对面的交谈、电子邮件的交流、社交媒体的互动等。在这种情景中，学生不仅能够应用所学语言知识和文化知识，更能在实际的沟通过程中对这些知识进行调整和改进。学生可以在交流中学会理解和解读不同文化的非语言信号，并在各种情景中正确使用这些信号。跨文化交际互动实践还可以通过参与实际的跨文化项目进行，如参加国际会议、参与国际志愿者项目、海外学习或实习等。在这些项目中，学生可以接触到各种各样的文化，并在实际行动中理解和体验这些文化，他们可以学会在不同的文化环境中有效地工作和生活，与来自不同文化背景的人进行有效的沟通和合作。

在跨文化交际互动实践中，教师的角色是非常重要的。教师需要为学生提供适当的指导和反馈，帮助他们理解和解决在实际交流过程中遇到的问题。教师需要提供安全的环境，让学生能够自由地探索和试验。

跨文化交际互动实践是一个长期和持续的过程。学生应有足够的语言知识和文化知识，以及开放的心态，愿意接受和适应不同的文化。通过实际的交流和互动，学生可以深入地理解和接纳文化差异，提升跨文化交际能力，并在未来的工作和生活中有效地应对各种跨文化交际情景。

（三）优化教学环境

高校应重视打造"文化浸入"的环境，这种环境可以通过多种方式实现。例如，设立语言角，学生可以在这里使用目标语言进行交流，体验并理解目标语言文化。教师应提供来自不同文化背景的教学资源，如电影、音乐、文学作品等，这样学生在学习语言的同时可以接触和理解其他文化。为了进一步增强这种"文化浸入"的效果，教师可以引导学生通过项目学习或者案例研究深入探索不同的文化现象。

此外，教学环境的优化还应体现在教学方法上。教师应尽量采取多元化的教学方法，如情景教学、任务型教学、项目教学等，以提高学生的参与度和实践性。教师应关注学生的个体差异，根据他们的需求和特点制定个性化的教学策略。例如，对于有海外留学经验的学生，教师可以引导他们分享自己的经历和体验。

（四）开展文化导入式的阶段性教学

仅注重听、说、读、写技能的英语教学方式无法根植于文化理解，学生难以由"应试者"转变为"掌握者"，英语交际能力难以达到新的高度。为了提升学生在英语学习中的跨文化交际能力，教学理念、教材内容、课程模式等方面的创新势在必行。强调学生的人文素质培养，让学生从课本走向实践，才能使学生真正理解和掌握知识。

创新教学模式强调文化环境与语言环境相结合，强化文化引领的作用。教师应依据学生的兴趣扩充教材内容，使题材多样化、素材生动化，从而引发学生对英语文化的共鸣。为了让学生关注中英文化的差异，教师可以采取横向比较的教学方式。通过比较中英两国在历史、民族、风俗、生活、语言等各个方面的差异，让学生了解英语文化，并激励学生主动发现和思考中英语言文化差异。情景教学是创设语言学习文化环境的一个有效手段，教师教授完知识后进行相应的情景模拟、角色扮演，可以有效地帮助学生巩固和应用知识，使语言技巧在学生头脑中形象化。

教师在加强文化教学的同时，要根据学生的能力和实际需求在不同阶段设定不同的教学目标和课程准则，以实现学生英语能力从基础到进阶、从学习到运用的培养过程。第一阶段，强化学生对英语基础知识的系统学习，使他们掌握英语应用的基本技巧。第二阶段，培养学生的文化能力，借助电影、音乐、文学作品等提升学生的文化理解能力和欣赏能力，同时通过教授非语言的文化交际技巧，增强学生在英语应用中的洞察能力和移情能力。第三阶段，关注学生英语实践能力的培养，通过实施互动式教学，训练学生勇于发言、善于思考的能力；通过交流互动，增加学生与外国人交流的机会；通过开展校外实践活动，进一步提高学生的跨文化交际技巧。

第七章 跨文化视域下高校英语教学建议

第一节 培养目标的建议

在跨文化视域下，高校英语教学应建立合适的、科学的培养目标，具体内容包括以下四点，如图 7-1 所示。

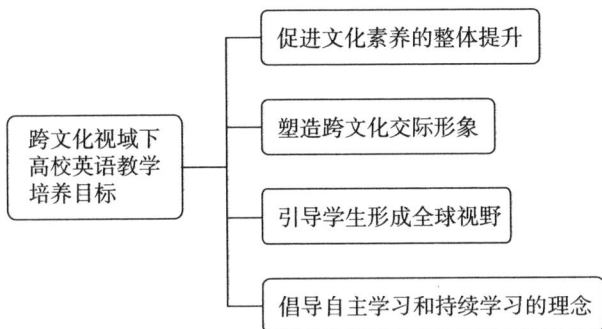

图 7-1 跨文化视域下高校英语教学培养目标

一、促进文化素养的整体提升

简而言之，文化素养是对他人文化和自我文化的理解和尊重，涵盖外国文化的深度理解和自我文化的坚守。其实质是一种全球性的理念，旨在构建和谐的社会，保障不同文化的和平共处。

对学生而言，文化素养的提升不仅涉及知识的获取，还涉及文化多样性的尊重和文化交流的积极态度。因此，教师在设计和实施英语教学时，应融入文化教育的理念，引导学生开展跨文化交流，提升学生的文化敏感性和文化适应性。文化教育不应局限于课堂上的讲解，教师应在语言实践中引导学生深度理解文化现象。在提升文化素养的过程中，教师应引导学生理解，文化不是一个抽象的概念，它影响个人行为和思维方式。这要求学生能够从文化的角度理解英语，深入理解英语所蕴含的文化意义。在教学过程中，教师要引导学生理解和感知语言背后的文化，让学生通过语言学习，提升自身的文化素养。

在这个过程中，学生不仅要对外部文化进行学习，还要反思自身文化。在理解和尊重他人文化的同时，学生要清晰地认知自我文化，以此形成自我身份的认同。在全球化的语境下，深入了解和认识自身文化，才能更好地表达自己的观点，理解和接纳他人的观点。教师可以通过设置相关的课题，引导学生深度探究和反思自己的文化，从而在全球化的语境中，保持文化的多样性和独特性。

在英语教学过程中，教师和学生都应积极行动，营造文化敏感和文化包容的学习环境，真正促进学生文化素养的提升。这种环境要求教师以开放的态度引导学生，鼓励学生提出疑问、分享见解，并通过课堂讨论、小组合作等方式，提升学生的文化理解能力和文化交流能力。学生应积极参与，敢于挑战自我，从而在实践中提升自身的文化素养。

二、塑造跨文化交际形象

塑造学生的跨文化交际形象应成为教学目标之一。跨文化交际指在文化差异的环境中，准确、有效地进行信息交流和传递。它不仅涵盖语言知识和语言技能，还包括文化知识、跨文化意识、情绪管理等方面。在塑造跨文化交际形象的过程中，需要注重以下几个方面。

（一）语言能力的提升

作为文化的载体，语言承载着人们的思想、价值观，是人类交流的基本工具。英语是一种全球通用语言，听、说、读、写四项基本技能的训练是提高学生语言能力的关键。通过多听、多说，学生可以提高听力和口语表达能力，更好地理解和应用语言；阅读和写作训练能够增加学生的语言输入和输出，培养他们的文化意识。这些技能的训练相互促进，让学生在真实语境中实现对语言的真正运用。词汇、语法等知识的学习是提升语言能力的重要方面。词汇是语言的基本单位，丰富的词汇量可以让学生准确地表达自己的意思；语法是语言的结构，对语言的正确应用和理解至关重要。

（二）文化知识的学习

跨文化交际能力的提升需要学生对英语文化有深入的了解。教师可以通过教学材料和课堂活动，介绍英语国家的历史、风俗、习惯等方面的知识；学生通过学习，了解不同文化之间的差异，从而尊重和包容他人的文化。教师可以引导学生积极利用互联网资源，了解英语国家的媒体、文学、电影等文化产品。通过多样化的学习途径，学生能够了解英语国家的文化，拓宽视野，丰富文化知识。

（三）跨文化意识的培养

在跨文化交际中，学生应认识到自身文化和他人文化的差异，并理解和尊重这些差异。教师可以通过教学活动和案例分析，引导学生认识到不同文化之间的差异性和多样性，学生需要了解不同文化的价值观、习俗等方面的差异。教师要鼓励学生保持开放的心态，不断学习和适应不同的文化环境。在全球化的时代，文化交流和碰撞是不可避免的，学生需要学会接受这种多样性，不断增强自己的跨文化意识。

（四）情绪管理的训练

文化差异可能引发不同的情绪反应，而情绪的失控可能导致误解和冲突。因此，教师可以通过情景模拟、角色扮演等方式，帮助学生训练情绪管理，学生在安全的环境中模拟真实的跨文化交际情景，感受不同文化背景下的情绪。教师可以教授情绪管理技巧，帮助学生更好地控制和调节情绪。例如，让学生学会情绪认知，了解情绪的来源和表现形式；学会情绪表达，用适当的方式表达自己的情感；学会情绪调节，掌握放松和冷静的方法，如深呼吸、冥想等。这些技巧和策略可以帮助学生更好地管理情绪，减少冲突和误解的发生。

（五）实践经验的积累

在实践中，学生能够亲身体验不同文化背景下的交流和互动。教师可以组织一些实践活动，如联合国会议模拟、文化交流访问等，为学生提供真实的跨文化交际场景。通过这些活动，学生可以与来自不同国家和地区的人进行交流，了解他们的文化、价值观和习俗，增进对其他文化的理解和尊重。教师可以鼓励学生主动参与跨文化交际实践活动。例如，教师可以鼓励学生参加国际交流项目，让他们在跨文化的环境中生活和学习，为学生提供宝贵的学习机会，促进学生跨文化交际能力的提升。

三、引导学生形成全球视野

教师要引导学生从全球化的角度观察和理解世界，深入理解和尊重世界不同文化、价值观和社会规则。全球视野对学生跨文化交际能力的提升具有重要意义。

（一）开阔国际视野

随着全球化的不断发展，世界各国的联系日益紧密，不同文化之间的交流和互动变得日益频繁。因此，学生需要具备开阔的国际视野，了解世界的多样性，了解不同国家和地区的文化，如语言、习俗等。学生需要了解各国的历史、政治、经济和社会现象，了解不同文化背景下人们的生活方式和思维方式。通过观察和研究全球范围内的文化多样性，学生能够从全球化的角度理解和接受文化差异，从而更好地适应跨文化交际环境。

开阔国际视野，不仅有助于学生理解文化差异，更有助于培养学生的全球意识和责任感。学生应关注国际问题，并认识到自己是国际社会中的一员。通过了解其他国家和地区的文化，学生能够更好地认识到各地的人们都面临的共同挑战，肩负的共同责任。学生愿意为世界各国做出贡献，愿意通过自己的行动推动世界变革。在国际视野的影响下，学生参与国际性的活动，为世界发展贡献自己的力量。

（二）掌握国际信息

在信息时代，信息的传递和获取变得容易和迅速。学生需要具备熟练应用信息技术的能力，如使用互联网、社交媒体等途径获取信息。关注时事新闻，了解其他国家和地区的文化、历史、经济等，这有助于学生跟上世界发展动态，了解其他文化背景下的热点问题和发展趋势，从而更好地理解和适应跨文化交际环境。

学生需要具备理解和分析信息的能力。在信息爆炸的时代，学生需要从海量的信息中筛选出有价值的、可靠的信息，并进行深入分析和思考。这要求学生具备批判性思维和判断力，能够辨别信息的真实性和可信度。在跨文化交际中，信息的准确性和适用性对理解和接受其他文化至关重要。因此，学生需要通过学习培养自己的信息处理能力。

（三）理解国际问题

国际问题涉及人类的共同利益，在全球化的背景下，各个国家和地区都面临着共同的挑战，学生需要了解国际问题的现状和发展趋势，了解不同国家和地区对这些问题的看法和应对措施。在理解国际问题的过程中，学生需要学会批判性地思考问题，提出自己的观点和解决方案。国际问题复杂多样，学生需要积极参与讨论，从不同的角度思考问题，找到合适的解决方案。这样的讨论也是跨文化交际的过程，学生可以与来自不同文化背景的同学合作，共同探讨国际问题的解决之道。

（四）开展国际交流

1. 留学

学生可以选择前往不同国家的高校深造，与来自各个国家的学生共同学习和生活。在异国他乡，学生需要适应不同的文化和生活方式，面对文化差异和语言障碍，要学会尊重和理解，这样的经历将使他们更加开放和包容，增强他们的跨文化交际能力。

2. 参与国际会议

通过参与国际会议，学生可以结识来自世界各地的学者和专家，与他们交流学术观点和经验。这不仅可以提高学生的专业水平，还能培养他们在跨文化环境下有效交流的能力。

（五）学习第二语言

语言是沟通的工具，反映了文化的特点和思维方式。通过学习第二语言，学生可以深入了解其他国家和地区的文化，增强跨文化交际能力。每一种语言都蕴含着一种独特的文化背景，在学习第二语言的过程中，学生会接触到不同文化的词汇、习惯用语等，从而了解到其他文化的价值观，这有助于学生客观地看待和理解不同文化，避免因文化差异而产生误解和冲突。

（六）培养全球公民意识

全球公民意识是一种积极的态度和价值观，它涉及全球共同体的认同、国际问题的关注、文化差异的尊重等方面。全球公民意识可以帮助学生认识到人类是地球上的一分子，共享同一个家园，共同面临气候变化、环境污染、人权等问题。通过了解这些问题，学生可以认识到各个国家和地区之间存在着紧密的联系。

全球公民意识要求学生尊重文化差异，如语言、风俗等方面的差异。在全球化的背景下，不同文化之间的交流和融合日益频繁，尊重文化差异是跨文化交际中的重要方面，它可以帮助学生更好地理解和接纳其他文化，并在跨文化交流中避免冲突和误解。教师可以通过开设跨文化交际课程、组织文化体验活动等方式，引导学生理解和尊重其他文化。

四、倡导自主学习和持续学习的理念

自主学习，即学生主动参与、主动思考的学习过程，这一过程能更好地调动学生的学习热情，提高他们的学习效率和学习能力。在自主学习的过程中，学生自主制订学习计划，寻找和使用学习资源，评价和调整学习策略。在全球化的背景下，知识不断更新，学生必须持续学习，跟上时代的步伐，不断提升自己的能力和素质。为了让学生持续学习，教师可以在教学中加强学生的信息素养教育，提升他们获取、处理和应用信息的能力；教师可以培养学生的学习兴趣，让他们真正喜欢学习，愿意持续学习。

自主学习和持续学习应相互促进、共同发展。在持续学习的过程中，学生需要具备自主学习的能力。在教学过程中，教师应当注意二者的融合，鼓励学生自主学习、持续学习。评价机制应当反映学生自主学习和持续学习的能力，除了对知识和技能进行评价外，还应对学习态度、学习习惯、学习策略等进行评价。

第二节　教学方法的建议

一、应用情景教学法

（一）情景教学法的含义

情景教学法是一种高效的教学模式，旨在通过创造与教学主题一致的具体环境或氛围，唤起学生的情绪反应和情感体验。这种方式能协助学生迅速而准确地吸收教学材料，从而优化教学效果。这种教学方法的实施包括五个方面：一是利用学生的兴趣，激发其积极性；二是引导学生观察，增强其感

知力；三是着重发展学生思维能力，实现知识的深化；四是利用情感驱动因素，促进教育价值的渗透；五是通过语言训练，确保教学的实践性。

（二）情景教学法的特性

情景教学法有四大特性，包括真实性、情感深度、长远目标、理论融入。真实性是情景教学法的显著标志，为学生构建丰富、有意义的学习环境，使学生在活动中运用各种感官，融合思考与行动，确保在实践中学习、在学习中实践，从而开阔知识视野，提升各项技能。情感深度强调学生的主观参与，以学生为中心，激发其深层次情感体验，强化其感知力。长远目标和理论融入意味着情景教学法打破封闭式教育的限制，引导学生深入广泛的社会生活，用生动的场景唤起学生的情感，同时将教育价值融入其中。这四个基本特性相互关联，共同作用，彰显了情景教学法的本质，释放其独特的教育力量。

（三）情景教学法的原则

1. 有意识与无意识统一原则

人的心理过程在有意识和无意识间持续转变，并容易受到暗示的影响。情景教学法通过构建特定的环境，调控和影响学生的心理活动，并激发其右脑。联想和想象的活动几乎无意识地展开，右脑的非语言思维显得异常活跃，以无意识的方式引导意识。情景的暗示效应可以逐步实现教育教学的终极目标。实际上，暗示是一种无意识的影响，学生的审美情感在其作用下被唤醒，并被转移到他们所面对的与教育影响相关的人、物、事件、场景等感知对象上，深化情感体验，实现教育教学的审美化。这正是情景教学法所追求的效果。

2. 智力与非智力统一原则

这一原则强调，在学习过程中，理智的思考能力和非理智的情感、态度、兴趣、动机等因素应当被同等重视，二者相辅相成，共同促进学生的全面发展。

理智思考能力，也就是智力，包括学生的观察、记忆、想象、理解、表达等能力，这是人的基础能力，对信息的处理和对新知识的吸收起着决定性作用。在情景教学中，教师要创设多元化、富有挑战性的情景，引导学生积极思考，不断地尝试和实践，从而锻炼和提升他们的智力。

非智力因素在学习过程中起到了至关重要的作用。情感与学习效果有着密切的关系，积极的情绪可以激发学习兴趣，增强学习动力，帮助学生更好地理解和记忆新知识。在情景教学中，教师要尽可能地调动学生的情感，使学生在愉快的氛围中学习，从而提高学习效果。

3. 体验性原则

学习不仅是一种智力活动，更是一种情感体验。积极、愉悦的情绪可以激发学生的学习兴趣，调动他们的学习积极性，有助于提高他们对新知识的接受能力和吸收能力。在轻松的环境中，学生的思维更加活跃，更有可能产生新的想法和创意。在情景教学中，教师应积极创设愉悦、积极的学习环境，尽量降低学习难度，减少学生的学习压力，提供充足的时间和空间，让学生在轻松的环境中自由地思考和探索。

体验性的学习方式有助于提高学生的学习效果。通过参与和体验，学生可以直接接触到新知识，深入理解和掌握新知识。参与和体验的过程本身就是一种学习，它可以使学生在实践中提升能力，形成更深刻的记忆和理解。教师要尽可能地让学生参与教学活动，进行实践体验，强化学习效果。

4. 互信、互重性原则

该原则主张在教育过程中，教师与学生之间应建立一种基于互信和互重的关系，从而支持和促进学生的自主学习。教师需要尊重学生的学习需求和学习兴趣，相信他们的学习能力，给予他们足够的空间，让他们在参与和体验中自我发展、自我学习。教师要相信自己的教育能力，自信地引导学生在情景中寻找和解决问题，让学生有机会探索、体验、发现和创新。学生要尊重教师的教学决策和引导，相信教师的专业能力和经验，积极参与教学活动，做好自主学习的主体。

在这个原则的引导下，教师和学生更像是合作伙伴，他们在教学过程中共担责任、共享成功、共享乐趣。这样的教学环境有助于激发学生的学习积极性，提高学生的学习效果和效率。

（四）情景教学法的对策

1. 情景引入

情景教学法的第一步是创建或引入与教学内容相关的实际情景。这种情景应引起学生的兴趣，激发他们的学习动力，使他们感觉到学习内容的重要性和实用性。这种情景应与学生的生活经验或即将面临的实际情景相联系。通过情景引入，学生能直观、生动地理解知识，激发好奇心，提高学习效率。

2. 实践操作

情景教学法注重学生的实践操作。通过模拟实际情景或扮演角色等方式，学生能够亲身参与情景，通过实际操作，学习和掌握知识。这种方法使学生从实践中获取经验，提升他们解决实际问题的能力。对于一些需要动手操作或实地体验的技能或知识，情景教学法的效果尤其显著。

3. 批判性思考

在情景教学中，学生需要根据情景解决问题、做出决策。这种教学方法能够引导学生进行批判性思考，使学生从多角度和多层面分析问题，提升他们的思考能力和判断能力。通过模拟真实的决策情景，学生可以学习如何分析问题，如何做出理智的决策，如何处理复杂的情况。

4. 交流与反馈

在情景教学法中，学生与教师之间、学生与学生之间的交流与反馈是十分重要的环节。通过讨论、提问、展示等方式，学生能够表达自己的想法，听取他人的意见，从而提升交际技巧。教师的及时反馈可以让学生了解自己的学习情况，明确自己的优点和不足，进一步提升学习效率。

5.知识内化

情景教学法是一种从实际情景中学习的教学方法，学生在情景中参与和体验，将他人的知识转变为自己的知识，从而更好地理解和掌握知识。通过亲身参与和实际体验，学生可以将抽象的知识转化为具体的经验，使知识内化。

6.跨学科学习

情景教学法鼓励学生进行跨学科学习。实际情景往往涉及多个学科的知识，这就使得学生在处理情景信息时，需要将不同学科的知识进行融合，实现跨学科学习。这有助于培养学生的综合素质和解决复杂问题的能力。

二、利用现代技术手段

现代技术在高校跨文化教学中发挥着重要作用，常见的现代技术包括以下六个，如图 7-2 所示。

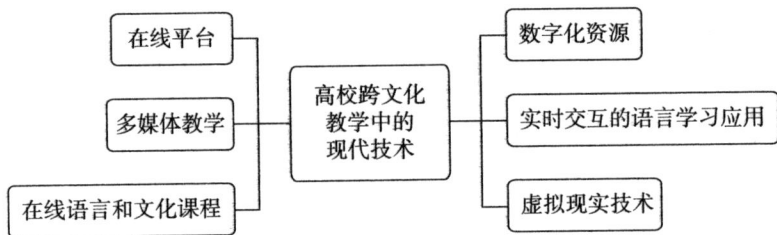

图 7-2　高校跨文化教学中的现代技术

（一）在线平台

在数字化和互联网的时代，学生可以充分利用在线平台进行跨文化交流。在线平台为学生提供了直接与来自不同文化背景的人交流的机会。网络社区、论坛和社交媒体都是学生探索和理解不同文化的有效工具，通过这些平台，学生可以接触到源源不断的、真实的文化信息，从而提高跨文化交际能力。

（二）数字化资源

数字化资源包括在线新闻、电影、音乐、电子书等，这些资源为学生提供了丰富的跨文化交流材料，有助于拓展学生的视野和认知。通过阅读在线新闻，学生可以了解不同国家和地区的社会、政治、经济等方面的动态，更好地理解目标文化的背景和现状。电影和音乐可以让学生感受不同文化的艺术表达方式和审美观念，进一步丰富他们对文化的认知。数字化资源中的电子书为学生提供了更多的阅读材料，帮助他们深入了解目标文化的历史、文学等方面的知识。

数字化资源提供了互动和自主学习的机会，学生可以根据自己的兴趣和需求，自主选择适合自己的学习材料，并在学习过程中与他人进行讨论和交流。通过参与在线论坛、社交媒体等互动平台，学生可以结识来自不同国家和地区的人，与他们展开跨文化交流，提升跨文化交际能力。

（三）多媒体教学

多媒体教学为学生提供了更多真实的跨文化交际场景，通过展示不同国家和地区的实际情景，如现代城市景观、民俗风情、社会活动等，学生可以在虚拟的环境中感受不同文化的独特之处。通过观看视频，学生可以更加了解目标文化的语言特点，提高跨文化交际的敏感性。学生可以通过多媒体平台与其他国家的学生进行在线交流，分享彼此的文化背景和生活经历。教师可以利用多媒体教学工具与学生进行实时互动，如在线问答、小组讨论等，激发学生的学习兴趣，提高学生的参与度，提升跨文化交流的效果。

（四）实时交互的语言学习应用

实时交互的语言学习应用通过语音和视频功能，使学生能够直接与来自其他国家的人进行语言交流。学生可以与外籍教师或学习伙伴进行实时对话，锻炼口语表达能力，纠正发音错误和语法错误。通过与外国人士互动，学生可以更快地适应不同的语言环境，增强跨文化交际的信心。实时交互的语言学习应用提供了丰富的学习资源，如在线课程、学习资料、文化视频等，帮助学生了解目标文化。学生可以随时随地获取关于其他国家和地区的信息，了解他们的历史、传统和习俗，从而深入理解不同文化之间的差异。

（五）在线语言和文化课程

在线教育平台提供了语言和文化课程。学生可以根据自己的学习进度和时间安排，自由选择学习课程。无论是初学者还是有一定基础的学生，都可以找到适合自己水平和需求的课程内容。通过在线文化课程，学生可以了解其他国家和地区的历史、文学、艺术、传统等，增进对不同文化的认知和理解。

（六）虚拟现实技术

虚拟现实技术是一种先进的现代技术手段，为英语跨文化交流提供了全新的体验。学生通过相关设备，仿佛置身于真实的文化场景中，亲身体验不同国家和地区的文化活动、节日庆典等。例如，学生可以参加虚拟的外国节日庆祝活动，与虚拟人物进行交流，了解当地的风俗习惯和文化传统，这样的体验使学生直观地感受跨文化交流的乐趣，激发他们的学习热情。一些机构和平台利用虚拟现实技术开发了丰富的跨文化教育内容，如虚拟文化交流活动等。这些资源为学生提供了广阔的学习场地，增强了他们对全球文化多样性的认知。

三、设计多元化的教学活动

（一）组织小组合作学习

小组合作学习可以提供积极互动的学习环境，激发学生的学习兴趣和学习主动性。在小组中，学生可以与同伴共同解决问题、讨论学习内容，通过交流和合作，加深对不同文化的理解。学生在合作学习的氛围中，能够自由地表达自己的观点，尊重他人的意见，从而提升跨文化交际能力。在合作学习过程中，学生需要共同协作，相互支持。通过共同合作，学生学会尊重他人、倾听他人，学会在团队中有效地沟通和协调，这些合作技能对跨文化交际尤为重要。在跨文化交际中，有效的合作和沟通是成功交流的关键。

小组合作学习可以增强学生的学习体验感和成就感。在小组学习中，学生可以共同探讨问题、分享知识，互相帮助，相互学习，这种积极的学习氛围会激发学生的学习动力，使他们投入学习。

（二）设计跨文化项目

通过调查研究、主题报告等项目，学生可以自主收集资料，展开探索研究，从而深入理解不同文化之间的差异。例如，学生可以选择调查某一英语国家的风俗习惯，通过与当地人交流、观察实际情况，获得真实的跨文化体验，深刻地领悟跨文化知识，提升跨文化交际能力。与传统的课堂教学相比，项目性教学更具吸引力和挑战性，学生在项目中可以独立思考、自主学习。这种自主性和探索性的学习方式能够激发他们的学习兴趣，增强他们的学习动力。通过这样的项目，学生可以在实际操作中感受知识的实用性和价值，从而深入学习。在项目中，学生需要运用多种技能，如信息的搜集、分析、组织等，这有助于他们提升学术能力和跨文化交际能力。

（三）开展文化体验活动

通过举办文化讲座、文化展览、国际食品节等活动，学生可以直接接触到各种文化元素，从而深入感受和理解不同的文化。例如，学生可以参加来自不同国家的教师或留学生举办的文化讲座，从第一手信息中获取关于其他国家的生活习惯、价值观等方面的知识。

四、建立批判性思考的训练机制

（一）引导深度思考

教师可以在教学过程中鼓励学生提出问题，并促使他们对跨文化交流知识进行深入思考。例如，在教授英语文化中的某一现象时，教师可以引导学生从自己的文化背景出发，通过比较和分析不同的文化现象，提出自己的疑问。教师通过鼓励学生提出问题，激发学生的思维活力和好奇心。学生在尝试解答问题的过程中，不仅会加深对跨文化交际知识的理解，还会提升批判性思维能力。

引导学生进行深度思考，有助于培养学生的自主学习能力。在思考问题和解答问题的过程中，学生需要主动寻找信息、分析数据、形成观点，这提高了他们的自学能力和问题解决能力。这种能力的培养对学生的终身学习和跨文化交际能力的发展都具有重要意义。

（二）实施问题导向学习

问题导向学习以学生为中心，强调学生的主动性和自主性。在跨文化教学中，教师可以设计涉及不同文化的实际问题，让学生在解决问题的过程中进行学习。例如，教师提出关于文化冲突的情景，让学生分析其中的文化差异并提出解决方案，这促使学生思考问题的多面性，培养了他们的批判性思维。

问题导向学习鼓励学生积极探索信息、合作交流和自主学习，在解决问题的过程中，学生需要查阅相关资料、与同学合作讨论，这培养了他们的信息搜索能力和协作能力。

（三）进行批判性阅读训练

在批判性阅读训练中，教师可以选择具有深度和挑战性的阅读材料，如跨文化交际中的案例研究、文化差异分析等，这些材料能够引发学生的兴趣，促使他们思考其中的问题。学生需要仔细阅读材料，理解其中的主要观点、论证过程和论据，然后对这些内容进行分析和评价。批判性阅读训练要求学生具备批判性思维能力，他们需要判断信息的可靠性、逻辑性和合理性。教师可以引导学生提出问题：作者的立场是什么？哪些证据支持作者的观点？是否存在偏见和漏洞？通过回答这些问题，学生可以逐步提升对于信息的批判性分析能力。

（四）进行批判性写作训练

批判性写作训练要求学生陈述观点，并从不同角度分析问题。教师可以选择具有争议性的话题，引导学生进行深入思考，鼓励他们在写作中表达自己的独立观点，并用有力的论据和逻辑支持自己的观点。在批判性写作训练中，教师可以提供一些范例。教师可以为学生提供反馈，帮助他们更好地改进自己的写作方式，提升他们的思维能力，锻炼他们的表达能力和逻辑思维能力，为跨文化交流的研究提供坚实的基础。

（五）开展批判性思考的小组讨论

小组讨论提供了一个互动交流的平台，让学生能够分享各自的观点，促进思想碰撞和不同观点的交流。通过讨论，学生不仅可以深入理解问题的不同层面，更能够锻炼自己的逻辑思维能力和批判性思考能力。在组织小组讨论时，教师应该充当引导者的角色，鼓励学生提出深入的问题，并引导他们思考解决问题的方法。在讨论结束后，教师可以总结和点评各组的讨论成果，帮助学生更好地理解和应用批判性思考的方法。

第三节　教学测试与教学评价的建议

一、制定多元化的测试题型

多元化的测试题型可以准确地测评学生的英语能力。下面列举了一些可以在跨文化视域下高校英语教学测试中使用的多元化题型。

（一）情景对话

在高等教育环境中，情景对话的测试题型能够以非常有效的方式衡量学生的口语交际能力和跨文化交际能力。这种题型通过创建真实的语境，要求学生在解答问题时考虑语境、文化背景等多元化因素，从而对他们的语言应用技能和跨文化理解进行考查。例如，教师可以设定英语文化背景下的就餐场景，在这种情景中，学生需要以角色扮演的方式完成各种任务，如询问菜品信息、付款等。在完成这些任务的过程中，学生需要正确、流畅地使用英语，理解和适应外国的餐桌文化。这样的题型能够让学生在模拟的真实语境中，锻炼英语应用技能，增进对目标文化的理解。

对于情景对话题型，教师可以根据不同的教学目标和学生能力，设定不同的难度和复杂程度。例如，对于初级阶段的学生，设计简单的日常生活场景，如购物、问路等；对于中高级阶段的学生，设计复杂的社会交往场景，如商务谈判、学术研讨等。在这个过程中，情景对话的设置和学生的角色设定都需要尽可能地贴近真实生活。

（二）创造性写作

创造性写作题型通常需要学生针对给定的主题或情景，创造性地写出一篇文章。这种题型对学生的思维能力和语言表达能力提出了更高的要求。在创造性写作的过程中，学生需要运用自己的知识和创新思维，对给定的主题或情景进行深入的思考，然后选择合适的语言表达方式，创作出一篇有深度、有内涵、有创新的文章。[①] 这样的题型不仅测试了学生的英语写作能力，还测试了他们的创新思维能力和文化理解能力。在写作任务完成后，教师可以组织学生进行互评，学生通过阅读其他同学的作品，可以了解到不同的观点和表达方式，这对学生语言理解能力和文化理解能力的提高是非常有帮助的。

二、采取综合性评价制度

（一）制定多元化的评价指标

评价指标应涵盖多个维度，以确保评价的全面性。除了对语言技能进行评价外，教师还应对跨文化理解能力、批判性思考能力、解决问题能力等进

---

① 马婷婷.培养学生英语创造性写作能力的活动研究［J］.英语画刊（高中版），2022（1）：61-63.

行评价。例如，对于跨文化理解能力，教师可以设置相关题目，要求学生分析不同文化背景下的交际问题，以评估其对文化差异的认知。评价指标应具有明确的标准和量化方法，以确保评价的公正性。针对不同的能力维度，明确划定各级别的表现标准，以确保评价的客观性。例如，教师可以设定不同的分析深度和逻辑严谨度，以评估学生分析问题的能力。多元化的评价指标意味着多样性和灵活性，教师可以设置多个选题，让学生根据自己的兴趣进行选择。教师可以采用不同的评价方式，如笔试、口试等，以充分展现学生的综合能力。

（二）实施持续性评价

持续性评价是一种跟踪评价学生学习过程的方式，它能够让教师及时了解学生的学习状况，从而为教师提供具有针对性的反馈。在教学过程中，教师可以定期测试学生的语言能力、跨文化理解能力、批判性思维能力等，这种测试能够帮助教师了解学生的知识掌握程度，及时发现学生的问题，为进一步教学提供指导。持续性评价可以帮助学生更好地调整学习策略，测试任务完成后，教师应给予学生详细的反馈，学生根据反馈进行自我评价，调整学习计划，有针对性地提升跨文化交际能力。

（三）实施形成性评价

形成性评价是一种评价学生学习过程的方法，它强调学生在学习过程中的改进。通过反馈，教师可以及时指出学生在语言运用、跨文化交际等方面的优点和不足，这种定期的反馈可以帮助学生更好地了解自己的学习情况，调整学习策略，改进学习方法，逐步提升跨文化交际能力。形成性评价鼓励学生积极参与学习过程，树立自主学习的意识。在课堂上，教师可以提供多种形式的任务和活动，让学生在实际操作中运用英语知识。通过这些任务和活动，学生可以在实践中体验学习成果，不断调整和改进自己的表达方式和交际方式。

（四）信息技术辅助评价

信息技术可以提供一种高效、便捷的评价方式。通过在线评价系统，教师可以方便地创建和分发评价任务，学生可以随时随地完成评价，这大大减少了传统纸质评价所需的时间和资源。在线评价系统能够匿名收集学生的反馈，避免了主观偏见和人为干扰，这有助于确保评价结果的客观性和准确性，为教师和学生提供可靠的反馈信息。

（五）定期调整评价方式

评价方式和评价标准应与教学目标保持一致。随着教学方法的不断创新和教学目标的不断调整，评价方式需要进行相应的改变。教师要定期反思评价方式，将其与教学目标相匹配，确保评价的有效性和一致性。在跨文化教学中，学生的文化背景、语言能力和学习需求各不相同，教师应定期收集学生的反馈意见，了解他们的学习体验和学习需求，根据这些信息调整评价方式，使评价更贴近学生的实际情况。

三、鼓励自我评价和同伴评价

（一）提升自我认知

自我评价具有提升个体自我认知的特性。对学生来说，自我评价不仅是一种反馈机制，还是一种自我改善、自我进步的工具。在学习过程中，每个学生都有自己的优势和不足，通过自我评价，学生可以深入分析这些优势和不足，从而明确个体在英语学习中的独特位置。

教师的角色在自我评价的过程中是至关重要的。教师可以提供评价工具和指导，帮助学生进行准确的自我评价。例如，教师可以引导学生思考自己在特定任务中的表现，这种引导不仅可以提高学生自我评价的准确性，而且可以促使学生主动参与评价过程。

自我评价需要持续的实践和提升。自我评价需要学生具备较高的元认知技能，包括自我监控、自我调节、自我反思等。通过不断的练习和应用，学生能够掌握并有效利用这种技能。值得注意的是，在评价过程中学生可能出现自我评价过高或过低的情况，这时教师需要提供必要的支持和引导，帮助学生建立准确、客观的自我评价体系。

（二）强化同伴互助

通过同伴评价，学生可以从他人的角度看待问题，学习新的知识，并对自己的学习情况进行反思。例如，通过评价同伴的作品，学生可以了解到他人解决问题的方法。这些观察和体验可以提供新的视角和想法，促使学生对自己的学习过程进行深入的反思。

同伴评价有助于学生互相学习和成长，增强他们的团队合作意识。在同伴评价的过程中，学生需要倾听他人的意见，接纳他人的评价，这对良好团队合作意识和互助意识的树立非常重要。

同伴评价是一种技能，需要教师的引导和培养。首先，教师需要引导学生进行有效的同伴评价。其次，教师需要培养学生的批判性思维能力，以便他们进行深入的分析和批评。最后，教师需要创建支持性的环境，以便学生在安全、公正的环境中进行同伴评价。

（三）培养终身学习能力

自我评价和同伴评价能够培养学生的终身学习能力。学生需要真正参与评价过程，深入理解学习的本质，才能真正学会学习。自我评价让学生学会自我反思，并具备深度理解和评价自身学习情况的能力；同伴评价让学生在社会交往中不断地吸收新的知识和技能。这两种评价方式都有助于学生掌握有效的学习方法，并具备终身学习的能力。

（四）面向未来学习

自我评价与同伴评价将学生的学习视角引向未来，它们强化了学生的学习能力，优化了学生的社交能力。这两种评价方式鼓励学生直面自身的优点和不足，同时让他们学会对他人进行公正的评价。在这个过程中，学生不仅了解了自己的学习情况，更逐步提高了沟通技巧和人际交往能力。

在当今社会中，工作和生活既重视团队协作、沟通和理解，也重视创新和批判性思维。自我评价与同伴评价让学生学会与他人合作，有效地传达自己的想法，接受和反思他人的意见。这有助于学生更好地适应未来的社会，为他们的未来生活打下了坚实的基础。

四、按照跨文化能力进行评价

（一）理解和应用文化知识的能力

理解文化背景知识是跨文化交流的基础。每一种语言都与其特定的文化背景紧密联系，语言中蕴含的文化元素和背景信息对学生理解和运用语言至关重要。在教学测试中，教师可以通过设置包含原语言和目标语言文化元素的题目，如阅读理解等，观察和评价学生对这些文化元素的理解能力。深度理解的标准：正确地识别出文化元素，理解这些元素在给定语境中的具体含义，解读这些元素背后的文化理念、价值观等。

文化知识的应用是学生跨文化能力的重要体现。学生需要熟练运用所学的文化知识，解决实际交流中的问题，达成有效的沟通。在教学测试中，这种能力可以通过一些涉及特定文化背景的翻译题型进行评估。例如，教师可以提供一段描绘中国春节的中文段落，要求学生将其翻译成英语。在做这样的题时，学生需要理解和运用所学的知识，使翻译后的文本既能准确地表达原文的意思，又能符合英语文化的表达习惯。

（二）适应不同文化环境的能力

适应不同文化环境的能力表现在对文化差异的理解和接纳上。在跨文化交流中，文化冲突和误解是无法避免的。在评价学生这方面的能力时，教师可以设计一些涉及不同文化元素的题目。例如，让学生分析一个涉及文化冲突的案例，理解其中的文化差异，并提出自己的解决方案。

在不同的文化环境中，沟通的方式和规则可能有所不同。学生应灵活运用各种交际策略，以适应不同的沟通环境。在教学测试中，教师可以通过角色扮演、情景对话等形式，考查学生在面对不同的交际情景时，能否运用恰当的语言，进行有效的沟通。

此外，适应不同文化环境的能力还体现在学习和成长上。在跨文化交流中，不可避免的文化冲突和误解，其实是学习和成长的机会，学生应从中学习，调整自己的行为方式和思维方式，以更好地适应不同的文化环境。

（三）批判性思考的能力

在进行跨文化交流时，学生需要理解并尊重其他文化，同时需要对其他文化进行批判性的思考。这种思考能力可以帮助学生更好地理解其他文化，避免文化冲突和误解。例如，学生在阅读关于其他文化的文章时，不仅需要理解文化现象背后的含义，还需要思考这种现象是否合理。在全球化的背景下，学生需要意识到自己的文化也需要改进。学生可以通过批判性阅读或写作，对自己的文化进行深入反思，从而实现自我提升。例如，学生在写作过程中，反思自己的文化在某些方面的问题，并提出改进方案。

批判性思考能力体现在学生的创新思维上。在进行跨文化交流时，学生需要不断创新，以适应不断变化的环境。学生可以通过批判性思考，发现问题，提出新的解决方案。

第四节　教师与学生的建议

一、开发和使用具有跨文化背景的教学资源

针对跨文化视域下的英语教学，开发和使用具有跨文化背景的教学资源，能使学生通过实际的语言材料了解不同的文化，从而形成跨文化交际能力。

具有跨文化背景教学资源的开发需要教师具备良好的文化意识和敏感性。教师需要积极寻找、筛选和整合适合学生的跨文化教学资源，这些资源

既可以是来自英语文化圈的原版读物，也可以是来自各种文化背景的影视作品、歌曲、演讲等。教师在选择教学资源时，不仅要注重其语言难度，更要考虑其文化内容。教师需要对这些资源进行有效的整合和梳理，以适应教学的需要。

具有跨文化背景教学资源的使用，需要教师运用多元化的教学方法和教学策略。不同类型的教学资源，适合不同的教学方法和教学策略。例如，对于原版读物，可以通过阅读、分析、讨论等方式，让学生了解和理解文化背景；对于影视作品，可以通过观看、模仿、角色扮演等方式，让学生体验和参与不同的文化场景；对于歌曲、演讲等，可以通过欣赏、分析、模仿等方式，让学生感受不同文化的魅力。教师需要引导学生深入思考，发掘背后的文化含义，提升学生的跨文化交际能力。

在开发和使用跨文化教学资源的过程中，要把学生放在中心位置，从学生的需求出发，激发他们的学习兴趣，调动他们的学习主动性，最终达到提升学生的跨文化交际能力的目标。

二、建立教师与学生的双向互动机制

第一，在教学过程中，教师应注重与学生互动。教师不仅要传授知识，还要引导学生积极参与教学活动，通过问题提问、小组讨论、案例分析等多种方式，引导学生主动思考，激发他们的学习兴趣和动力。教师应注意调整教学策略，以适应不同学生的学习需求和学习特点。例如，对于那些在语言表达或跨文化理解上有困难的学生，教师可以给予更多的指导。

第二，在学习过程中，学生应主动向教师反馈自己的学习情况。学生不应被动地接受知识，而应积极参与教学过程，通过提问、反馈、评价等方式，让教师了解自己的学习状况，以便教师及时调整教学策略，提高教学效果。学生应主动与教师沟通，并向教师寻求帮助。

第三，学生之间的互动是双向互动机制的重要部分。学生之间可以通过合作学习、小组讨论、角色扮演等方式，互相学习，互相帮助，共同提高，特别是在跨文化视域下的英语教学中，通过这些方式，学生可以从不同的文化背景和视角，理解和掌握英语知识，提升跨文化交际能力。

第四，建立有效的评价和反馈系统。这个系统应包括教师教学效果的评价、学生学习效果的评价，以及教学策略的反馈和建议。通过这个系统，教师可以了解自己的教学效果，了解学生的学习状况，及时调整教学策略；学生可以了解自己的学习效果，明确自己的学习目标，提升自己的学习能力。

三、制定和执行具有跨文化透视力的课程标准

课程标准应将培养学生的跨文化沟通能力作为核心目标，这意味着要让学生掌握英语知识，了解并理解英语背后的文化，并在不同文化背景下有效沟通。为了实现这一目标，课程设计应包括各种语言实践活动，如角色扮演、小组讨论、情景对话等，让学生有机会模拟真实的跨文化交际场景，提升跨文化沟通能力。

课程标准应倡导全球视野下的思考。这种思考方式要求学生超越自身的文化框架，对世界性的议题和问题进行理解和评价。在这种视角下，学生将自身视为全球公民，思考如何在日常生活和学术研究中应对全球挑战。例如，在英语写作课堂上，学生可能被要求撰写一篇文章，主题是气候变化。这个话题要求他们研究全球的环境变化，了解各种可能的影响，如海平面上升、气候模式变化、濒危物种灭绝等。他们需要从全球视野出发，思考这些变化对不同国家和地区的影响。学生在探讨人权问题时可以运用全球视角。例如，他们可以研究某个国家或地区的人权状况，然后将其与全球的人权理念进行对比，从而深入理解人权问题的普遍性和差异性。在这个过程中，学生会对某些未接触过的观念和文化有所了解，扩大自己的认知边界。

四、鼓励教师和学生参与跨文化研究

（一）提供丰富的学习和研究机会

对教师和学生来说，跨文化研究提供了一个宝贵的平台，他们可以从多元的学术视角对世界进行洞察。跨文化研究允许他们通过语言学、社会学、

历史学等多个学科的角度，探索、理解和欣赏各种文化。

对学生而言，参与跨文化研究的好处之一是能够丰富他们的知识体系。通过跨文化研究，他们可以了解和掌握各种文化背景下的语言表达、社会规则、历史事件、艺术作品和文化现象，这对他们在学术上和职业上的发展都是非常有益的。例如，英语专业的学生应理解英语国家的历史背景和文化习俗，这有助于他们准确地理解和使用英语，同时有助于他们在未来的职业生涯中，更好地与来自英语国家的人进行交流和合作。

对教师而言，跨文化研究有许多好处。跨文化研究可以提高他们的教学质量，通过研究，他们可以获得更深层次的文化理解，可以帮助他们在教学中准确地传递文化信息，有效地引导学生理解和使用目标语言；还可以提升他们的研究素养，在研究过程中，他们需要阅读大量的学术资料，分析复杂的问题，形成自己的观点，并将自己的研究成果以论文或报告的形式发布出来。

（二）促进教师和学生的创新思维

从本质上讲，跨文化研究是一种开放和探索的过程。它需要教师和学生面对不同文化背景的信息，并对这些信息进行深入理解和整合，然后从中寻找联系和共性，在此基础上形成自己的理解和观点。这无疑提高了他们思维的深度并拓宽了广度，促进了他们的创新思维。例如，研究全球化影响的学生，需要从经济、政治、文化等多个角度收集信息，然后整合这些信息，并提出自己对全球化的理解。

跨文化研究提高了教师和学生的思维灵活性，在研究过程中，他们需要不断调整自己的观点和理解，以适应新的信息和证据。这种思维的灵活性，有助于他们在未来的研究或职业生涯中快速解决问题。例如，教师在研究过程中发现自己的观点与其他研究者的观点存在冲突，要灵活地调整自己的观点，以接纳新的证据和观点。在研究跨文化的过程中，教师和学生需要创新方法和理论，以应对复杂的研究问题。

参考文献

[1] 郭坤. 全球化背景下大学英语跨文化教学研究 [M]. 成都：电子科技大学出版社，2016.

[2] 李清. 高校英语跨文化教学研究 [M]. 长春：吉林人民出版社，2020.

[3] 周榕，刘敏，王韵青. 英语跨文化教育教学研究 [M]. 长春：吉林人民出版社，2020.

[4] 陶晓莉. 大学英语跨文化教学实践探索研究 [M]. 北京：华文出版社，2021.

[5] 赵素君. 英语跨文化交际能力培养研究 [M]. 长春：吉林出版集团股份有限公司，2021.

[6] 刘婕. 大学英语跨文化教育模式研究 [M]. 长春：吉林出版集团股份有限公司，2019.

[7] 吴孟秋. 大学英语教学中跨文化教育的实施策略探究 [J]. 海外英语，2023（12）：160-162.

[8] 卢晓方. 以文化自信为导向的高校英语跨文化教育教学分析 [J]. 吉林省教育学院学报，2023，39（4）：74-78.

[9] 彭文婷. 跨文化背景下高校英语翻译教学的策略研究 [J]. 湖北开放职业学院学报，2023，36（6）：183-185.

[10] 陶婕. 文化差异与大学英语翻译教学跨文化交际能力培养策略研究 [J]. 黑龙江

教师发展学院学报，2022，41（12）：138-140.

[11] 刘宝存，苟鸣瀚.跨文化教育思潮述评 [J].中国远程教育，2022（12）：8-17，34，82.

[12] 杨丹.跨文化视角下文化负载词翻译教学探索与优化 [J].高教学刊，2022，8（33）：106-109.

[13] 郭囡."语言能力＋思辨能力＋跨文化能力"目标导向下英语专业翻译课程教学模式探究 [J].英语教师，2022，22（21）：8-11.

[14] 郝建军，刘婕.跨文化真实语境视角下大学英语听力教学模型研究 [J].海外英语，2022（19）：6-8，13.

[15] 赵博颖.试论跨文化教育对中国电影英译的重要性：以翻译教学为例 [J].金融理论与教学，2022（4）：95-97.

[16] 何晶晶."产出导向法"在英语听力教学跨文化能力培养中的应用 [J].湖南大众传媒职业技术学院学报，2021，21（4）：108-112.

[17] 陈凯.高校英语教学中跨文化教育的开展策略 [J].校园英语，2021（31）：7-8.

[18] 梁蓉蓉.基于高校英语跨文化教育教学分析 [J].中国民族博览，2021（14）：131-133.

[19] 董永义.大学英语写作教学中跨文化思辨能力培养策略研究 [J].湖北开放职业学院学报，2021，34（10）：160-162.

[20] 万宗琴.跨文化交际策略在英语口语教学中的应用 [J].山西青年，2021（7）：112-113.

[21] 付铮.跨文化交际能力改革大学英语阅读教学 [J].新阅读，2020（12）：66-67.

[22] 蒋惠珍.高校英语教学中文化意识传输思考：评《大学英语教学的跨文化教育及教学模式研究》[J].中国高校科技，2020（11）：107.

[23] 王悦 . 口语教学与跨文化交际能力的培养 [J]. 校园英语，2020（37）：62-63.

[24] 赵新村 . 高职英语口语教学中融入跨文化交际能力培养的策略研究 [J]. 校园英语，2020（33）：138-139.

[25] 王慧 . 跨文化语用学视角下的外语听力教学改革研究 [J]. 牡丹江教育学院学报，2020（5）：82-85.

[26] 郭雨洁 . 应用型本科高校英语基础写作教学改革与实践研究 [J]. 校园英语，2019（32）：37-38.

[27] 王丽 . 高校英语阅读教学中的跨文化能力培养 [J]. 开封教育学院学报，2018，38（12）：64-65.

[28] 罗娜 . 高校英语阅读教学中跨文化教育的实施策略 [J]. 内蒙古教育，2017（18）：106-107.

[29] 尚艳辉，罗明江 . 英汉小句关系对比在跨文化写作教学中的应用研究 [J]. 黑龙江教育（理论与实践），2016（9）：33-35.

[30] 吴兰 . 人工智能视域下英语跨文化交际能力提升研究 [J]. 辽宁开放大学学报，2023（2）：72-75.

[31] 杨迪 . 混合式教学模式下英语专业学生跨文化交际能力培养探究 [J]. 现代商贸工业，2023，44（13）：64-66.

[32] 陈熙 . 全球化背景下大学生跨文化交际能力提升策略研究 [J]. 湖北开放职业学院学报，2023，36（9）：40-41，44.

[33] 吴永泽，高珍，乔盼盼 . 应用型高校大学生跨文化交际能力实证分析 [J]. 海外英语，2023（8）：179-181.

[34] 马洪菊 . 建构主义学习模式下留学生跨文化交际能力的培养 [J]. 牡丹江教育学院学报，2023（1）：70-72.

[35] 郭琳，郑慧文，刘信仁，等 . 高校国际化人才跨文化交际能力培养模式研究 [J]. 海峡科技与产业，2022，35（10）：75-78.

[36] 刘晓姗. 我国英语媒体跨文化传播能力探究 [J]. 记者摇篮，2022（10）：48-50.

[37] 王莉收. 文化语境差异对大学英语人文教育的启示 [J]. 长春师范大学学报，2018，37（9）：172-174.

[38] 李林蔚. 论提升大学生在网络媒体环境下跨文化交际能力培养战略 [J]. 教育观察（上半月），2016，5（7）：81-82.

[39] 李建华. 跨文化交际视角下的语言个性分析：以英语为例 [J]. 英语广场，2015（3）：141-142.

[40] 王艳东. 基于多模态理论的小学英语口语教学探究 [D]. 银川：宁夏大学，2021.

[41] 邓燕. 文化输入强化在高职英语专业听力教学中的实证研究 [D]. 秦皇岛：河北科技师范学院，2020.

[42] 刘梦莹. 跨文化交际视角下外教英语口语课堂教学策略研究：以 X 大学英语专业为例 [D]. 西安：西安外国语大学，2018.

[43] 张晓玉. 翻译教学中的跨文化意识培养研究 [D]. 济南：山东大学，2016.

[44] 刘玮珊. 英语专业翻译教学中跨文化交际能力培养的研究 [D]. 济南：山东师范大学，2012.